どいつもこいつも、
ぶっ壊《こわ》れちまえ

BLEACH 24

IMMANENT GOD BLUES

KUBOTITE

JUMP COMICS

STARS AND

日番谷冬獅郎《ヒツガヤトウシロウ》

阿散井恋次《アバライレンジ》

黒崎一護《クロサキイチゴ》

plot

黒崎一護《くろさきいちご》は、死神《しにがみ》・朽木《くちき》ルキアと出会《であ》い、虚退治《ホロウたいじ》を手伝《てつだ》う事《こと》になった。数々《かずかず》の修行《しゅぎょう》を経《へ》た後《のち》、尸魂界《ソウル・ソサエティ》へ潜入《せんにゅう》、ルキアの処刑阻止《しょけいそし》も成《な》し遂《と》げるが、瀞霊廷《せいれいてい》を巻《ま》き込《こ》んだ壮絶《そうぜつ》な戦《たたか》いの裏《うら》で、死神《しにがみ》の虚化《ホロウか》を謀《はか》る藍染《あいぜん》の陰謀《いんぼう》が判明《はんめい》。そして虚圏《ウエコムンド》へ去《さ》った藍染《あいぜん》…。

現世《げんせ》に帰還《きかん》した一護《いちご》は、再《ふたた》び虚退治《ホロウたいじ》に奔走《ほんそう》。一方《いっぽう》、藍染率《あいぜんひき》いる『破面《アランカル》』の襲来《しゅうらい》を察知《さっち》した尸魂界《ソウル・ソサエティ》は、現世《げんせ》にルキア達援軍《たちえんぐん》を送《おく》り込《こ》む。その直後《ちょくご》、破面《アランカル》5人《にん》と共《とも》にグリムジョーが襲来《しゅうらい》！　対抗《たいこう》する死神軍団《しにがみぐんだん》だが、ルキアが倒《たお》され、一角《いっかく》にも最大《さいだい》の危機《きき》が…!!

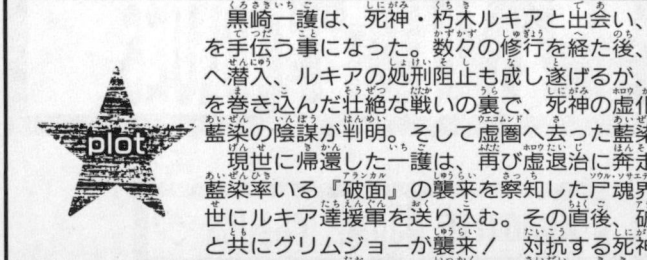

BLEACH ALL

グリムジョー

松本乱菊《マツモトランギク》

シャウロン

STORIES

BLEACH 24

IMMANENT GOD BLUES

CONTENTS

206.Mala Suerte!5 [LUCKY]

くそっ

…斑目《まだらめ》…
…一角《いっかく》か…

聞《き》いといて良《よ》かったぜ

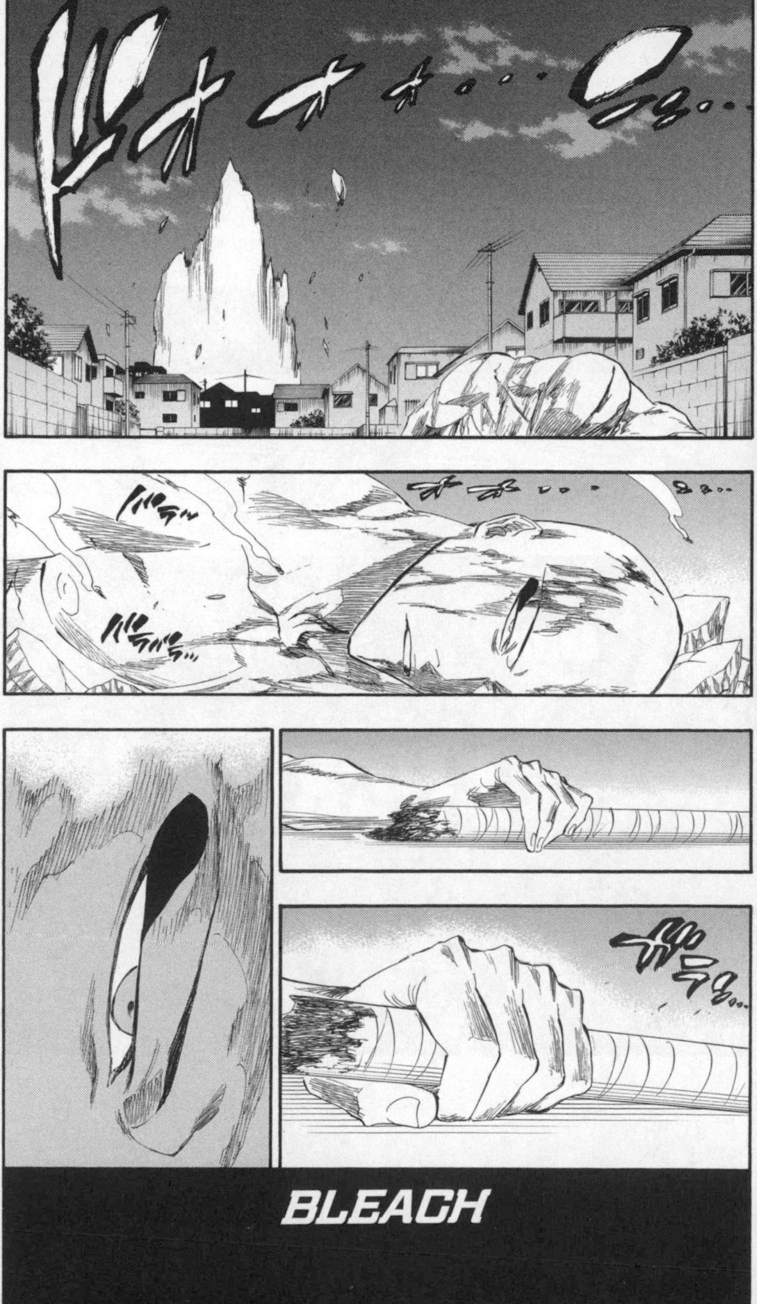

ドオオォ…
パラッ
パラパラ…
BLEACH

206.
Mala Suerte! 5
LUCKY
待《ま》ち…
…やが…れ…っ

…何《なん》だ
まだ生《い》きてんのか
どういう気《き》だてめえ…! なんで止《とど》めを刺《さ》さねえ…!!
てめえの勝《か》ちだ! 殺《ころ》して行《い》け!!
悪《わり》いな 戦《たたか》えなくなった奴《やつ》に興味《きょうみ》は無《ね》えんだ
わざわざ止《とど》めを刺《さ》してやる義理《ぎり》も無《ね》えしな
ふざけんな…
バカにしてんのか!?
殺《ころ》せ!!!

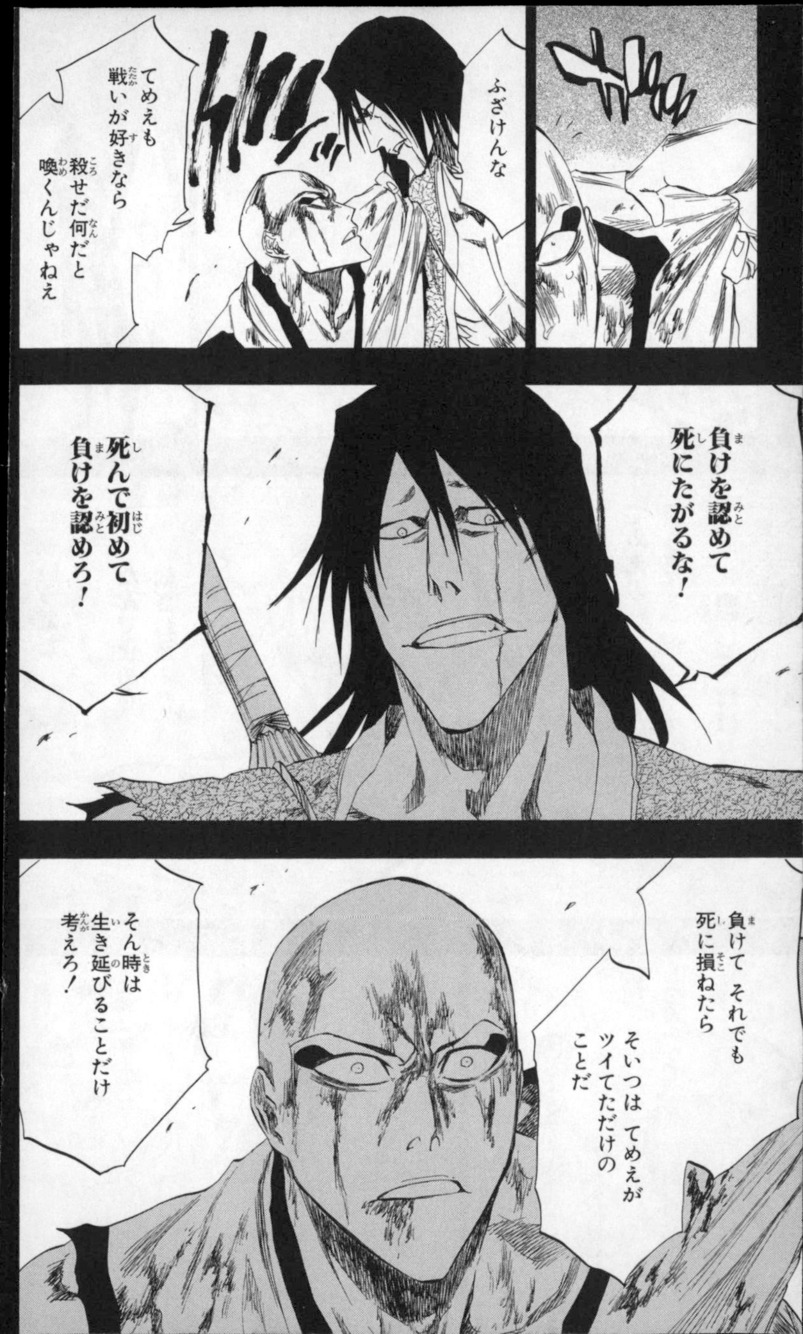
ふざけんな
てめえも
戦《たたか》いが好《す》きなら
殺《ころ》せだ何《なん》だと
喚《わめ》くんじゃねえ
負《ま》けを認《みと》めて
死《し》にたがるな！
死《し》んで初《はじ》めて
負《ま》けを認《みと》めろ！
負《ま》けて それでも
死《し》に損《そこ》ねたら
そいつは てめえが
ツイてただけの
ことだ
そん時《とき》は
生《い》き延《の》びることだけ
考《かん》えろ！

生《い》き延《の》びて
てめえを
殺《ころ》し損《そこ》ねた奴《やつ》を
殺《ころ》すことだけ
考《かんが》えろ
…俺《おれ》は
手《て》ェ抜《ぬ》いて戦《たたか》った
訳《わけ》じゃねえ
死《し》に損《そこ》ねたのは
てめえの運《うん》だ
生《い》きろ
生《い》きて
俺《おれ》を
もう一度《いちど》
殺《ころ》しに来《こ》い
ザシャ…!!
じゃあな
…ま…
待《ま》ってくれ…!!
あんた…
あんたの名《な》を
教《おし》えてくれ…!!

剣八《けんばち》
〝更木《ざらき》〟の
剣八《けんばち》だ

断《ことわ》る
え…
悪《わり》いな 他《ほか》をあたれ
ちょっ…
ちょっと待《ま》ってくれよ一角《いっかく》さん!!

あんたしか いねえんだ!!
他《ほか》の副隊長《ふくたいちょう》に 卍解《ばんかい》が使《つか》える 人《ひと》は居《い》ねえ!!
いや もし 居《い》たとしても それでも!
俺《おれ》は あんたしか いねえと 思《おも》ってる!!
三でも五でも 九でもいい!!
藍染《あいぜん》さん達《たち》の 抜《ぬ》けた穴《あな》を 埋《う》めるのは あんただ!!
次《つぎ》の隊長《たいちょう》は あんたがやるべきだ!!!
一角《いっかく》さん!!!

…馬鹿野郎《ばかやろう》
てめえには昔《むかし》戦《たたか》いを教《おし》えた時《とき》に話《はな》したろう
俺《おれ》は てめえと弓親《ゆみちか》以外《いがい》の奴《やつ》に
卍解《ばんかい》のことを教《おし》える気《き》は無《ね》え・ってな
もし俺《おれ》が卍解《ばんかい》できるってことが知《し》れたら
ザッ…
てめえ以外《いがい》の奴《やつ》も俺《おれ》に隊長《たいちょう》をやれと言《い》ってくるだろうが
ポリ
…俺《おれ》は隊長《たいちょう》になる気《き》は無《ね》え
隊長《たいちょう》になるってことは更木《ざらき》隊長《たいちょう》の下《した》で戦《たたか》えねえってことだ
てめえの望《のぞ》みが朽木白哉《くちきびゃくや》を越《こ》えることなら
俺《おれ》の望《のぞ》みは一《ひと》つ

あの人《ひと》の下《した》で戦《たたか》って死《し》ぬ
それだけだ
解《わか》ったら二度《にど》と言《い》うな

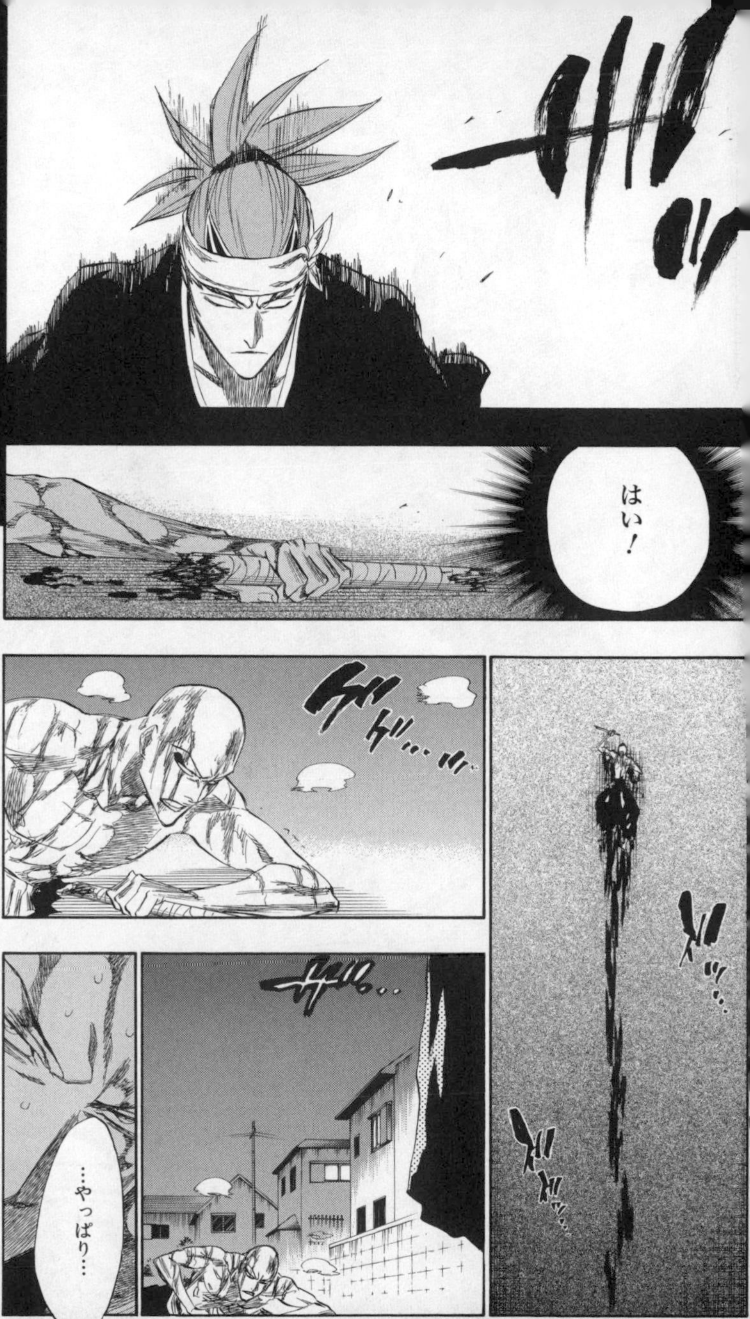
はい!
…やっぱり…

生《い》きてると思《おも》ってたよ
一角《いっかく》
…あたりめーだ

今日《きょう》の俺《おれ》はツイてんだぜ
サイコーにな

はっ
はっ
はっ
はあっ

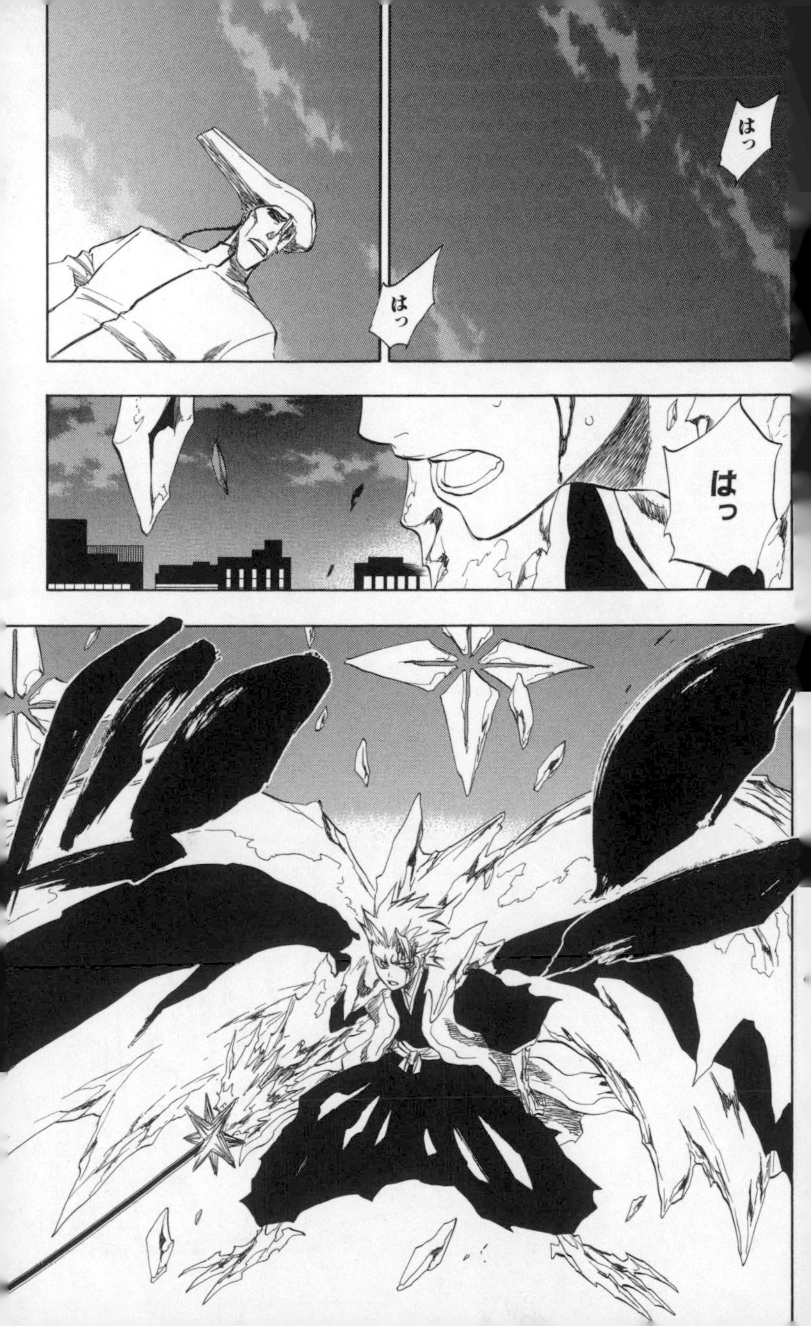
はっ
はっ
はっ

こちら宜しくお願いしまーす
十一位～二十位各位
此度第三回人気投票の
以上十名

…乱菊《らんぎく》さん…
…冬《とう》獅《し》郎《ろう》くん…

はっ
はっ

…松本《まつもと》…!
…くそっ…
…フ…
隊長格《たいちょうかく》が卍解《ばんかい》してもこの程度《ていど》…
…極《きわ》めて残念《ざんねん》です…
確《たし》かに貴方《あなた》は…

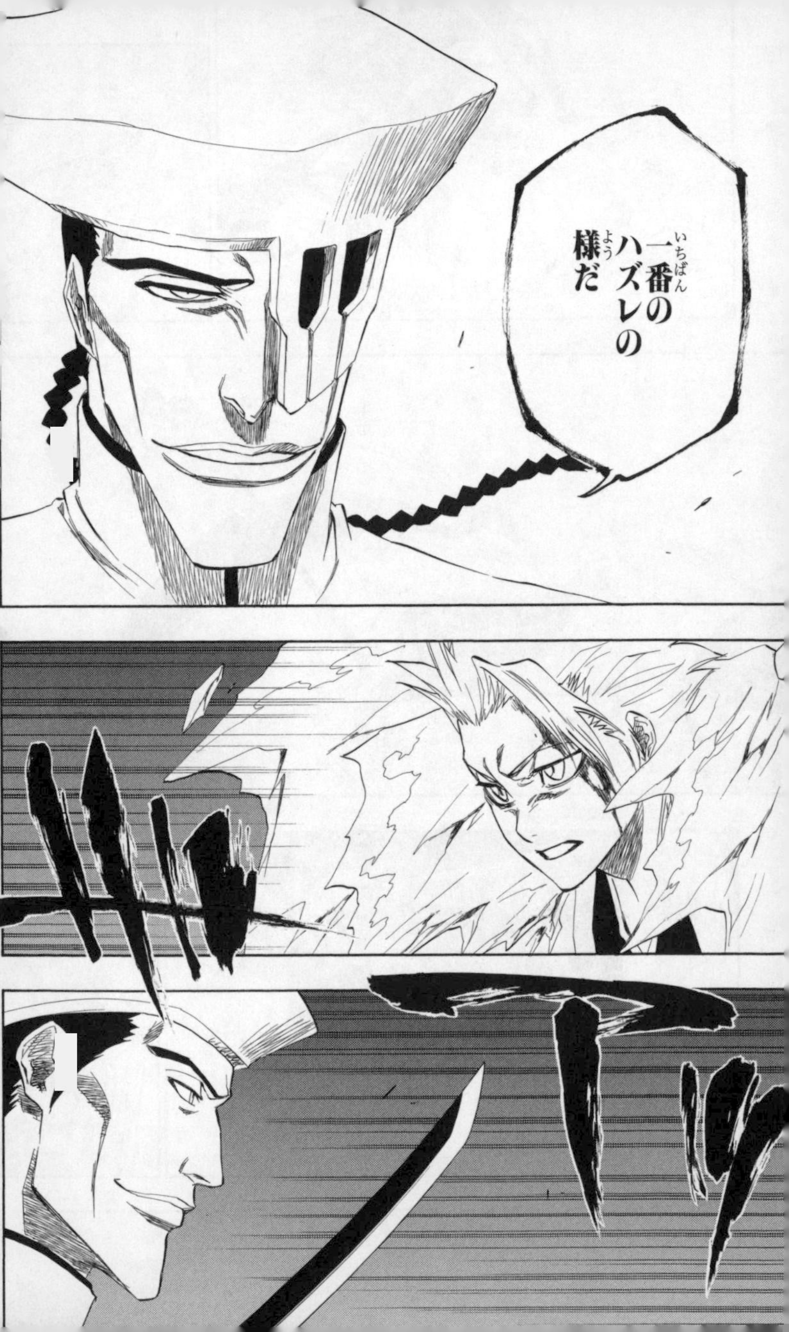
一番《いちばん》のハズレの様《よう》だ

BLEACH207. Mode : Genocide

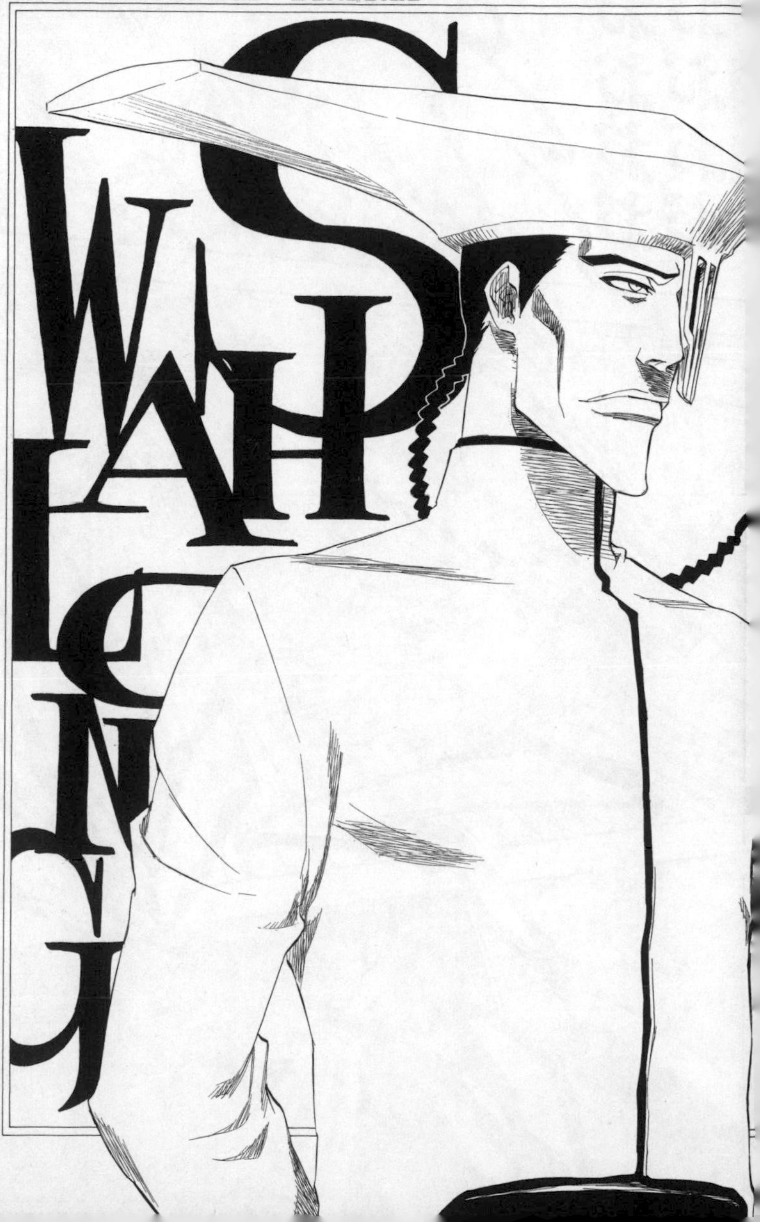

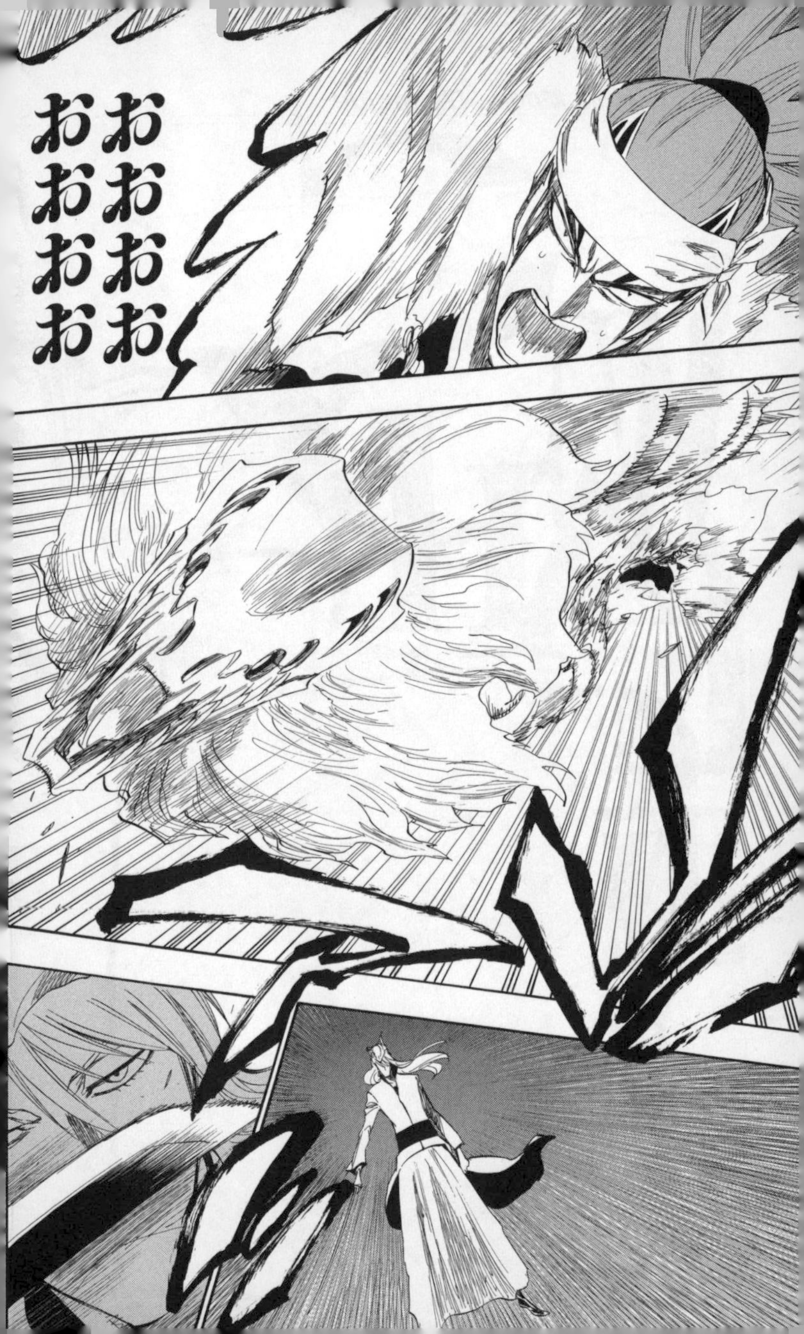
おおおおおおおお

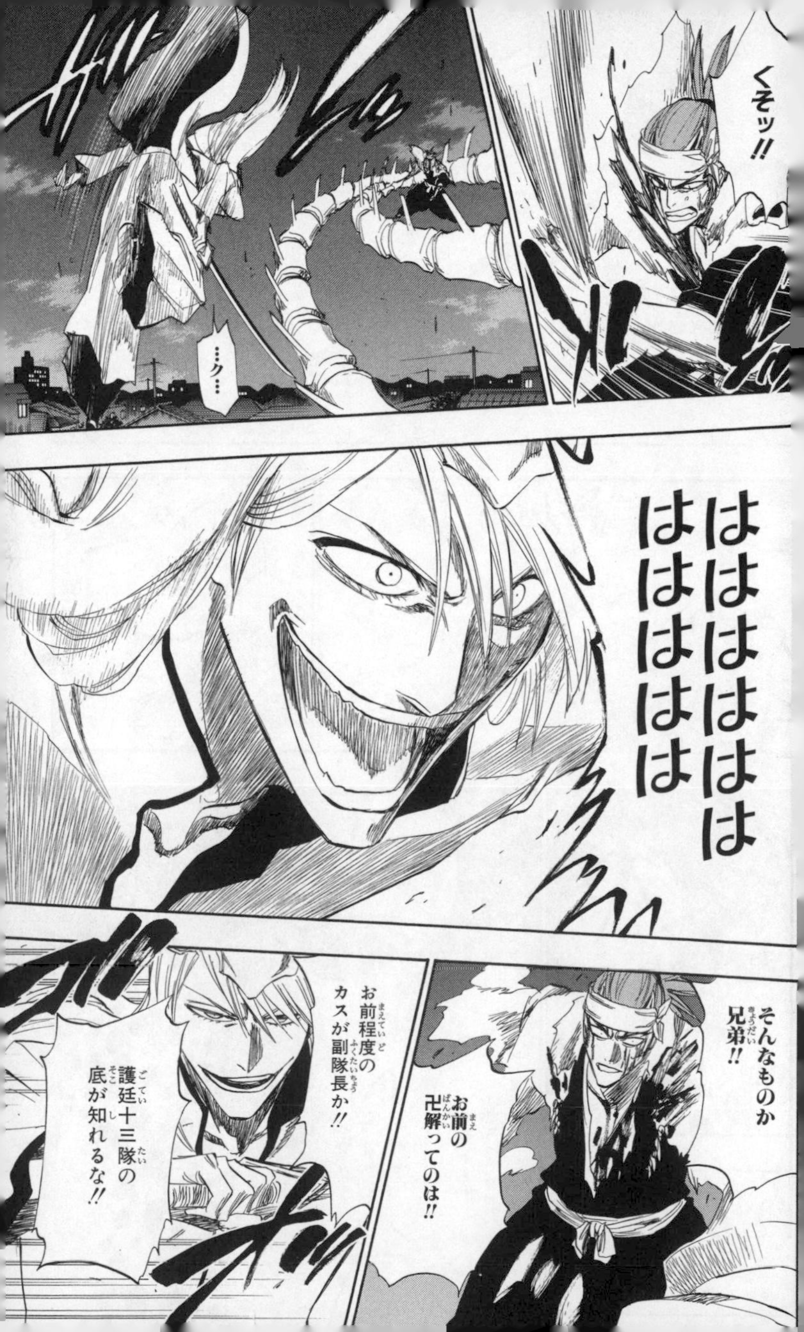
くそッ!!
…ク…
ははははは
ははははは
そんなものか
兄弟《きょうだい》!!
お前《まえ》の
卍解《ばんかい》ってのは!!
お前程度《まえていど》の
カスが副隊長《ふくたいちょう》か!!
護廷《ごてい》十三隊《たい》の
底《そこ》が知《し》れるな!!

浦原商店
…何《なん》だよ
負《ま》けそうじゃねーか…
雨《ウルル》…？
ンだよ オメー 寝《ね》てろって言《い》ったろ…
こいつ…！

破面《アランカル》連中《れんちゅう》の
妙《みょう》な霊圧《れいあつ》に
アテられて…
殺戮状態《さつりくじょうたい》に
入《はい》ってやがる…!!
待《ま》て！
雨《ウルル》…
くそッ!!
…さあ
そろそろ
終《お》わりに
しようじゃないか…
兄弟《きょうだい》!!

…な…

くそッ!!
何《なん》だお前《まえ》は!?

ぐあ…っ
…う…
危険《きけん》
あなたは危険《きけん》
あたし達《たち》にとって危険《きけん》
敵《てき》は危険《きけん》

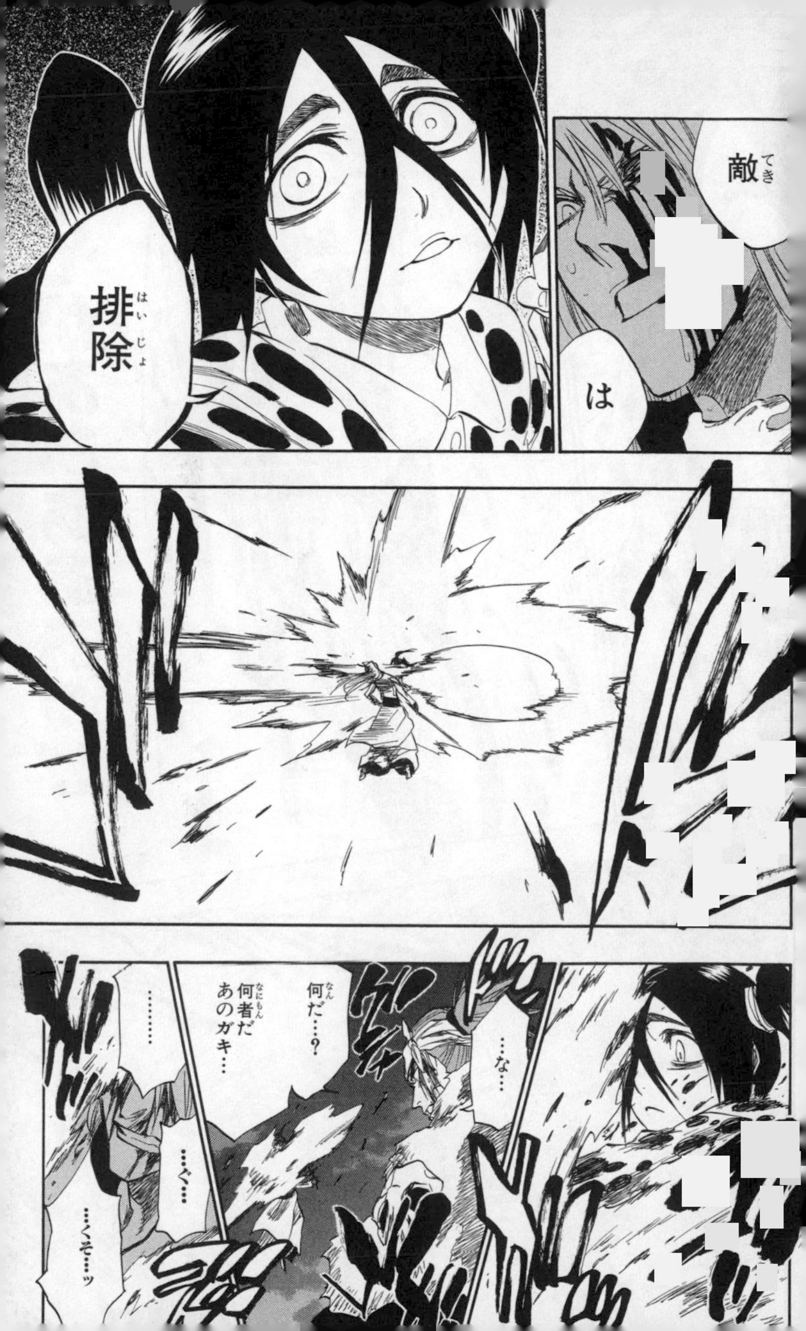
敵《てき》
は
排除《はいじょ》
…な…
何《なん》だ…？
何者《なにもん》だ
あのガキ…
………
…ぐ…
…くそ…ッ

くそがあああああっ!!!

ガキがっ…!!
ナメやがって…!!
くそっ…
くそっ…
殺《ころ》す…
殺《ころ》してやるぞ…!
突《つ》き砕《くだ》け
『蒼角王子《デルトロ》』

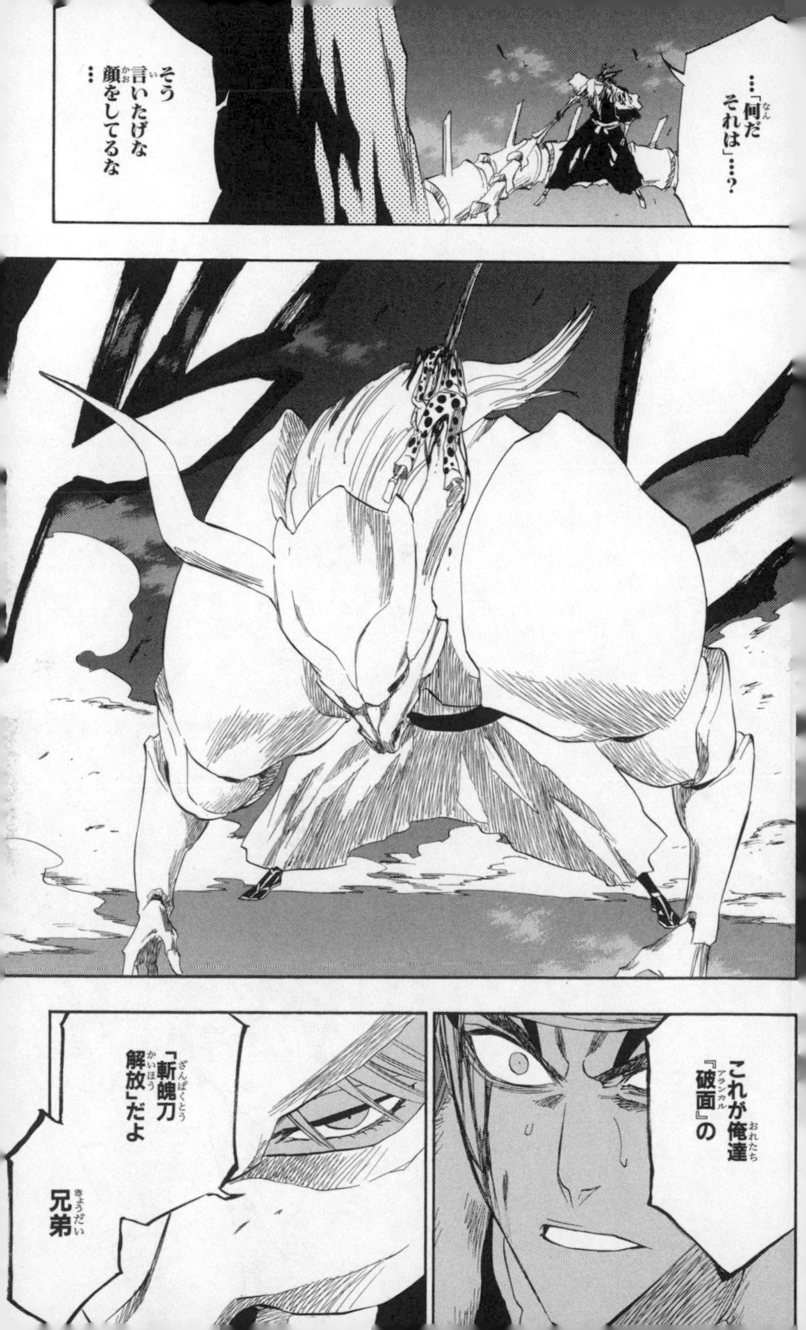
…「何《なん》だ
それは」…？
そう
言《い》いたげな
顔《かお》をしてるな
…
これが俺達《おれたち》
『破面《アランカル》』の
「斬魄刀《ざんぱくとう》
解放《かいほう》」だよ
兄弟《きょうだい》

11位～20位様
雪合戦大会
ご招待…？
何だこりゃ？
くだらねえ…

これが俺達《おれたち》破面《アランカル》の…
208.The Scissors
「斬魄刀《ざんぱくとう》解放《かいほう》」だよ
兄弟《きょうだい》

！
てめ…

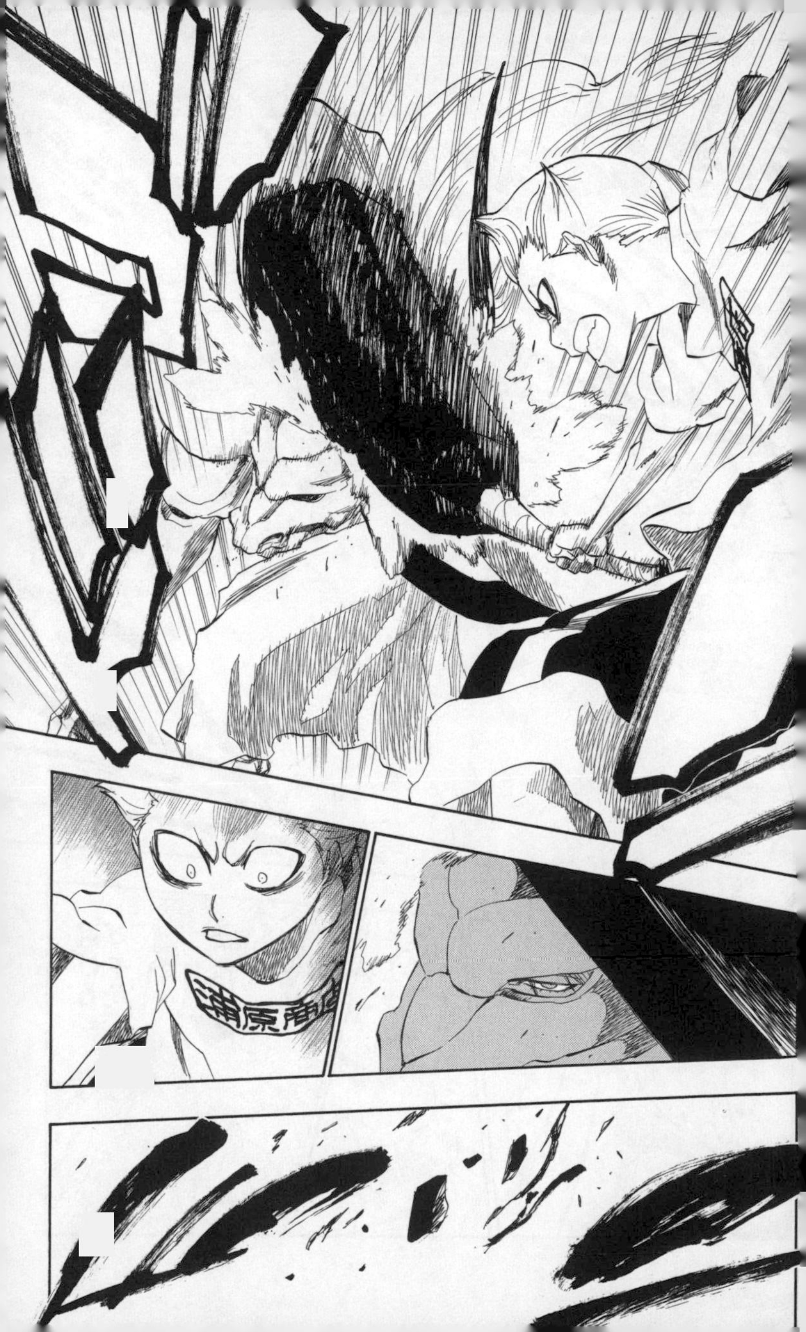
浦原商店

逃《に》げろ
ガキ!!
お…
おう!
………
──それで…

俺《おれ》を止《と》めた
つもりか兄弟《きょうだい》？
…が…ッ

はははははは!!
最後《さいご》に!
俺《おれ》の名《な》を
教《おし》えてやろう
兄弟《きょうだい》!!
破面《アランカル》No.15《クインセ》
イールフォルト・グランツだ!!!

The Scissors

…フム
下《くだ》らん

まだだぜ

はっ
はっ
はっ
……くそっ

…自《みずか》らの尾《お》を叩《たた》きつける
言《い》わば捨《す》て身《み》の攻撃《こうげき》で
この程度《ていど》…
パラ…
…フム

残念《ざんねん》
窮《きわ》まる
…減《へ》っていますね
氷《こおり》の華《はな》
…それがどうした
…恐《おそ》らく
貴方《あなた》の背後《はいご》に浮《う》かぶその華《はな》は
…カウントダウンだ

貴方《あなた》の卍解《ばんかい》が
解《と》けるまでのね
——違《ちが》いますか？
貴方《あなた》は幼《おさな》く貴方《あなた》の卍解《ばんかい》は恐《おそ》らくまだ未完成《みかんせい》だ
卍解《ばんかい》には莫大《ばくだい》な量《りょう》の霊力《れいりょく》が必要《ひつよう》であるため隊長《たいちょう》といえど卍解状態《ばんかいじょうたい》を長時間《ちょうじかん》保《たも》つことは難《むずか》しい
未完成《みかんせい》である貴方《あなた》の卍解《ばんかい》に於《お》てはそれが特《とく》に顕著《けんちょ》なのです
その氷《こおり》の華《はな》は時間《じかん》と共《とも》に一枚《まい》ずつ花弁《かべん》を落《お》としてゆき…
その全《すべ》てが散《ち》った時《とき》
貴方《あなた》の卍解《ばんかい》は消《き》える

12枚《まい》あった花弁《かべん》も…
…残《のこ》るは僅《わず》かに3枚《まい》
…卍解《ばんかい》が消《き》えてから殺《ころ》すのは容易《たやす》いが
それでは幾《いく》ら弱《よわ》いとは言《い》え
隊長《たいちょう》に対《たい》して失礼《しつれい》というもの
せめてその姿《すがた》のままで
叩《たた》き潰《つぶ》して差《さ》し上《あ》げましょう
こちらの
最大戦力《さいだいせんりょく》でね

截《た》て
五鋏蟲《ティヘレタ》

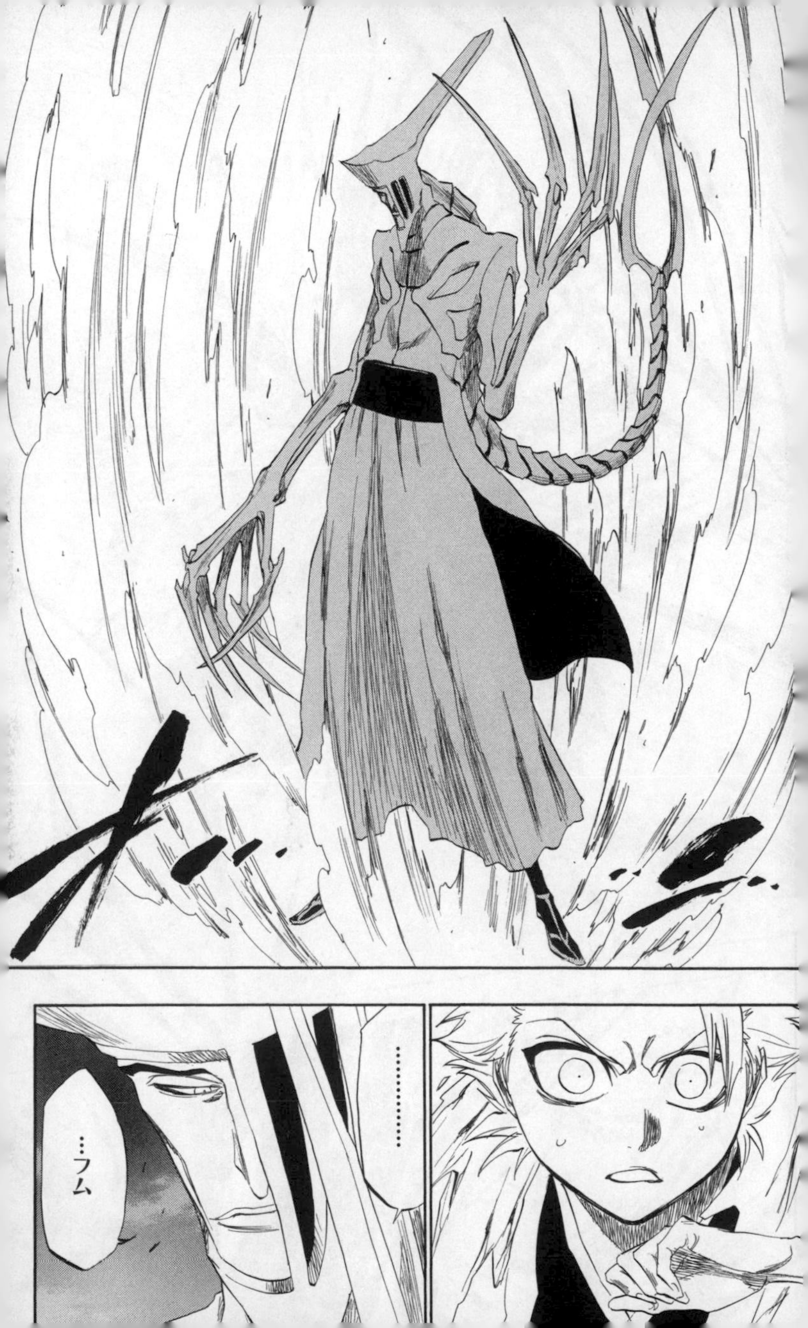
……
…フム

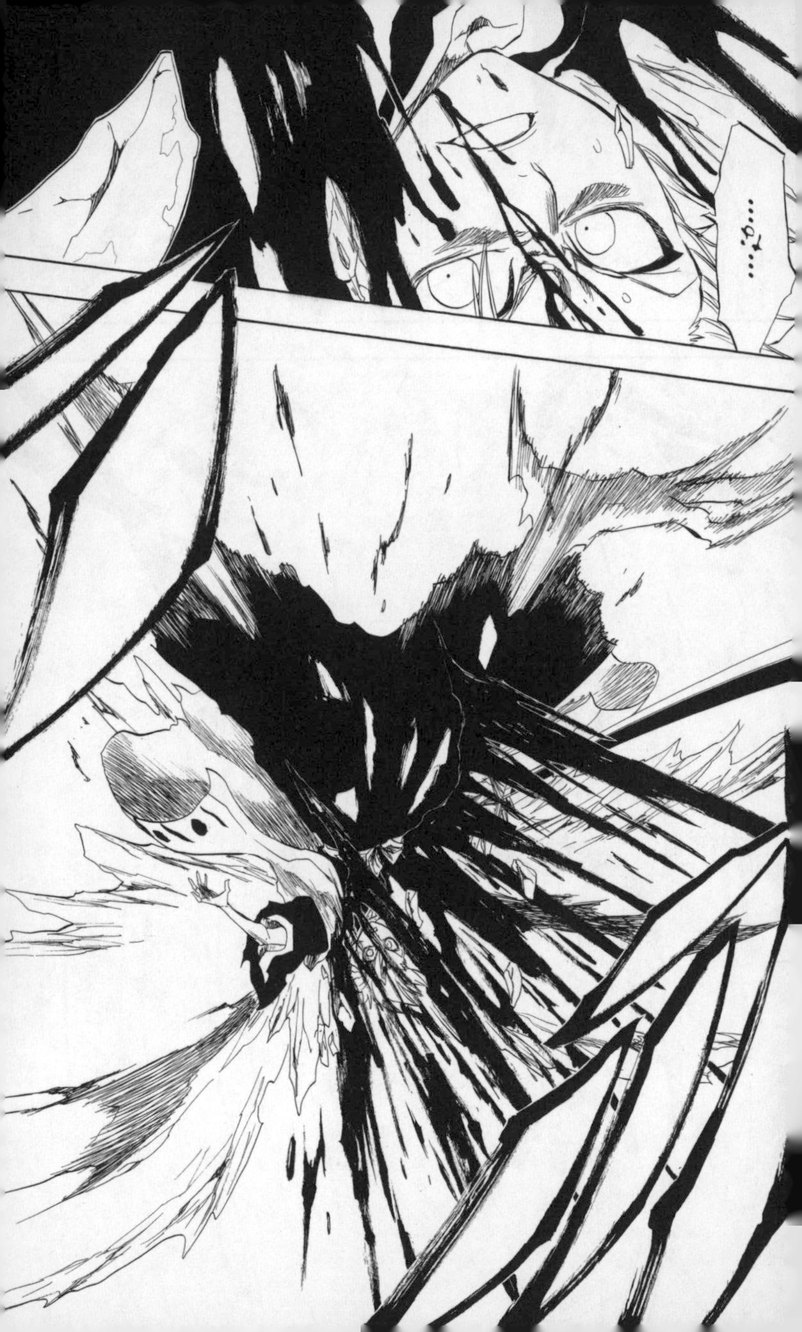
……が……

…フム
…一応《いちおう》
本当《ほんとう》の名《な》を教《おし》えておこうか
破面《アランカル》・No.11《ウンデシーモ》
シャウロン・クーファンだ
よろしく
小《ちい》さな隊長《たいちょう》さん

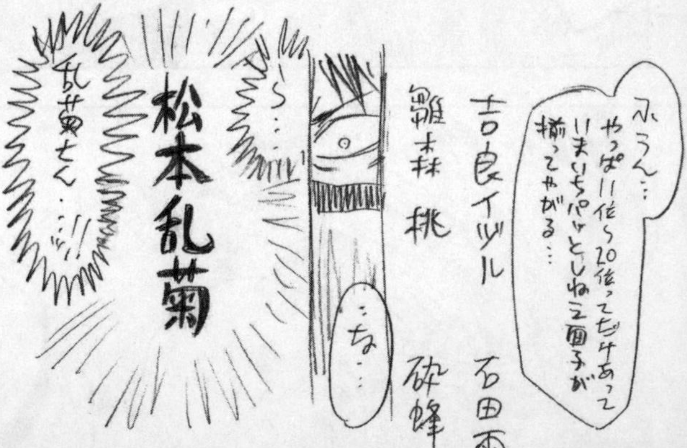

ふうん…やっぱ11位から20位ってだけあっていまいちパッとしねェ面子が揃ってやがる…
吉良イヅル　石田雨
雛森桃　砕蜂
…ち…
ら…
松本乱菊
乱菊さん…!!

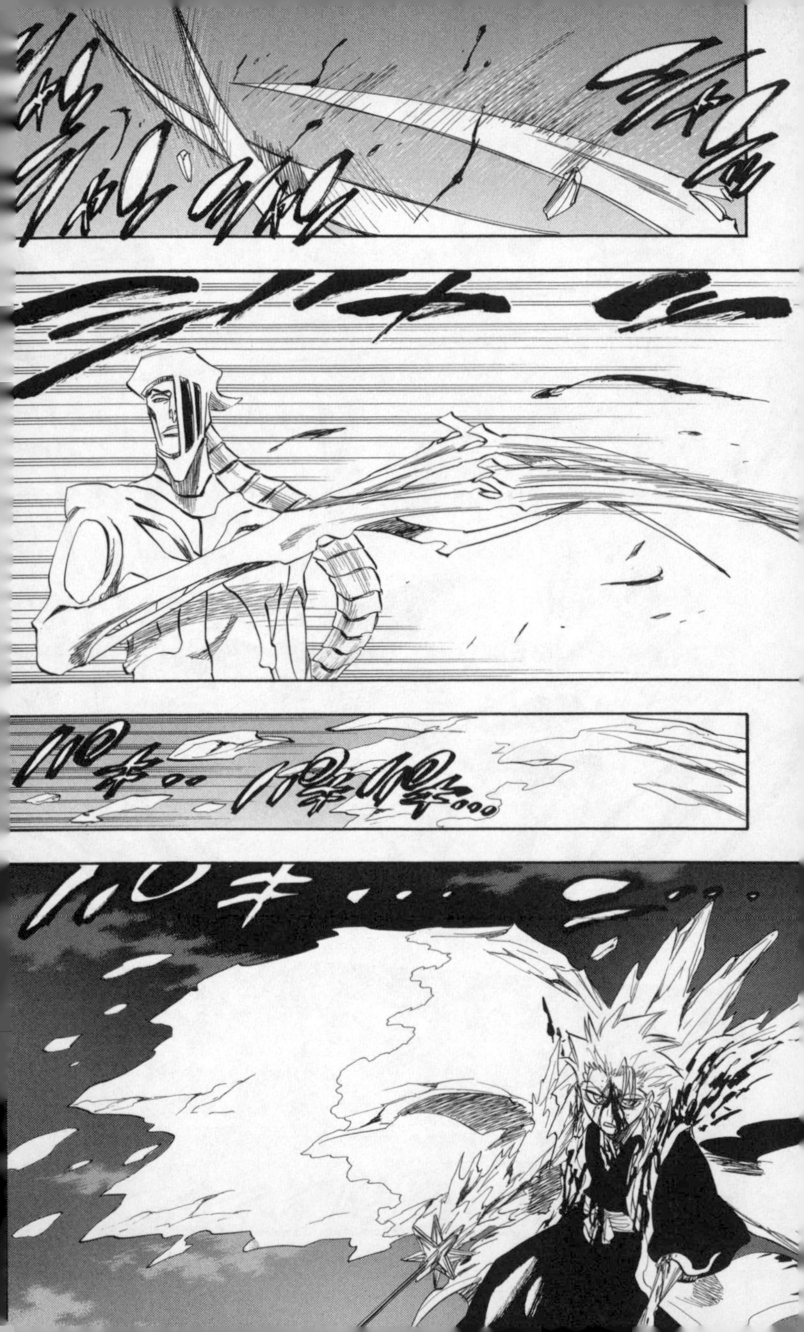
パキ‥ パキパキ…
パキ…

…フム…
さすがは隊長《たいちょう》！
これだけの力《ちから》の差《さ》を見《み》せつけられながらも逃《に》げずに立《た》ち向《む》かって来《く》る姿《すがた》は
素晴《すば》らしい！
実《じつ》に！
…………
…ちっ…
シャウロン・クーファンと言《い》ったか…
一つ訊《き》きたい
てめえは自分《じぶん》を指《さ》して破面《アランカル》No.11《ウンデシーモ》と言《い》った…
つまり「11番目《ばんめ》」だと…
…てことはてめえの強《つよ》さは破面《アランカル》の中《なか》で上《うえ》から11番目《ばんめ》ってことか？
……いいえ
我々《われわれ》の番号《ばんごう》は〝強《つよ》さの序列《じょれつ》〟ではなく〝生《う》まれた順番《じゅんばん》〟です
ただし…

〃No.11《わたし》より下《した》に限《かぎ》っては〃ですが
!?
分《わ》かり良《よ》く言《い》いましょうか
我々《われわれ》はまず「崩玉《ほうぎょく》」によって虚《ホロウ》から破面《アランカル》へと生《う》まれ変《か》わると
生《う》まれた順《じゅん》に11以下《いか》の番号《ばんごう》を与《あた》えられます
その中《なか》から特《とく》に優《すぐ》れた殺戮能力《さつりくのうりょく》を持《も》つ者達《ものたち》が選抜《せんばつ》され
殺戮能力《さつりくのうりょく》の高《たか》い順《じゅん》に1から10の番号《ばんごう》を与《あた》えられるのです

そして選《えら》ばれた10体《たい》は
『十刃《エスパーダ》』と呼《よ》ばれ
肉体《にくたい》の一部《いちぶ》に
自《みずか》らの与《あた》えられた
数字《すうじ》を記《しる》し
我々《われわれ》No.《ナンバー》11以下《いか》を
支配《しはい》する権限《けんげん》が
与《あた》えられる──
はっきり
申《もう》し上《あ》げましょう
彼《かれ》ら
『十刃《エスパーダ》』の強《つよ》さは
我々《われわれ》のそれとは
別次元《べつじげん》です
──────…！
そして
今《いま》更《さら》に言《い》うならば
我々《われわれ》と共《とも》に
現世《げんせ》に来《き》ている
者《もの》の中《なか》に
1体《たい》
その『十刃《エスパーダ》』が
居《い》るのですよ

藍染様《あいぜんさま》に第《だい》6の数字《すうじ》を与《あた》えられし者《もの》――…
〝第6十刃《セスタ・エスパーダ》〟
グリムジョー・ジャガージャック

くそッ!!
……オイ
ナメてんのか
死神《しにがみ》
俺《おれ》ァそのままの
テメーを
殺《ころ》す気《き》なんか
無《ね》えんだよ

加減《かげん》してやってる内《うち》にとっとと出《だ》せよ
テメーの卍解《ばんかい》を
でねーとテメーも
そこにコロがってる死神《しにがみ》みてーに
穴《あな》アキにするぜ!?
てめえ…!

卍《ばん》
解《かい》
…そいつか

……まだか……！
このままじゃもたねえぞ……
松本《まつもと》……！
まだなの……!?
……遅《おそ》い……！

十番隊副隊長様《ばんたいふくたいちょうさま》 松本乱菊《まつもとらんぎく》!!
〝限定解除《げんていかいじょ》〟
許可申請《きょかしんせい》 下《お》りました!!

ピピッ
——ありがと!
隊長《たいちょう》!
恋次《れんじ》!!

限定解除《げんていかいじょ》
下《お》りたわよ!!
…やっと来《き》たか
待《ま》ち
くたびれたぜ!!
…何《なん》だ…?

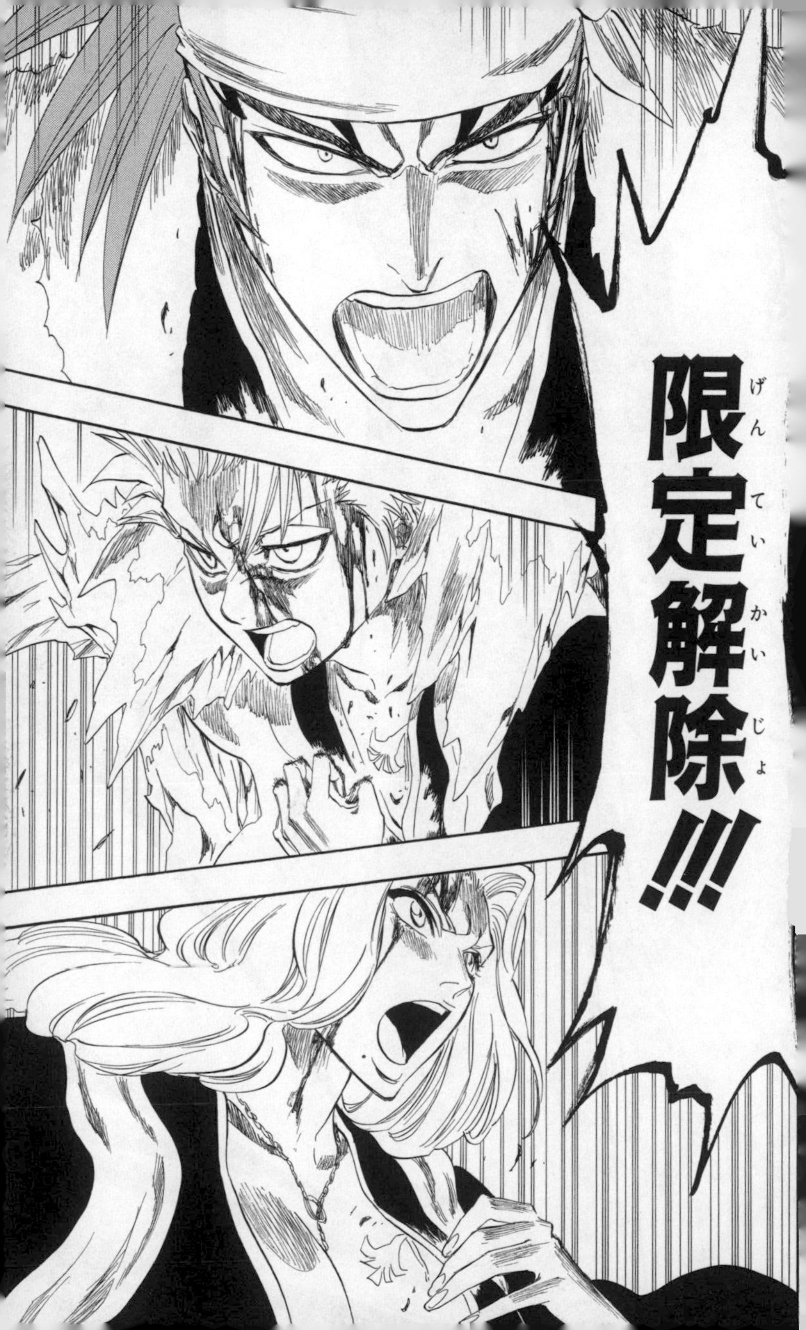
限《げん》定《てい》解《かい》除《じょ》!!!

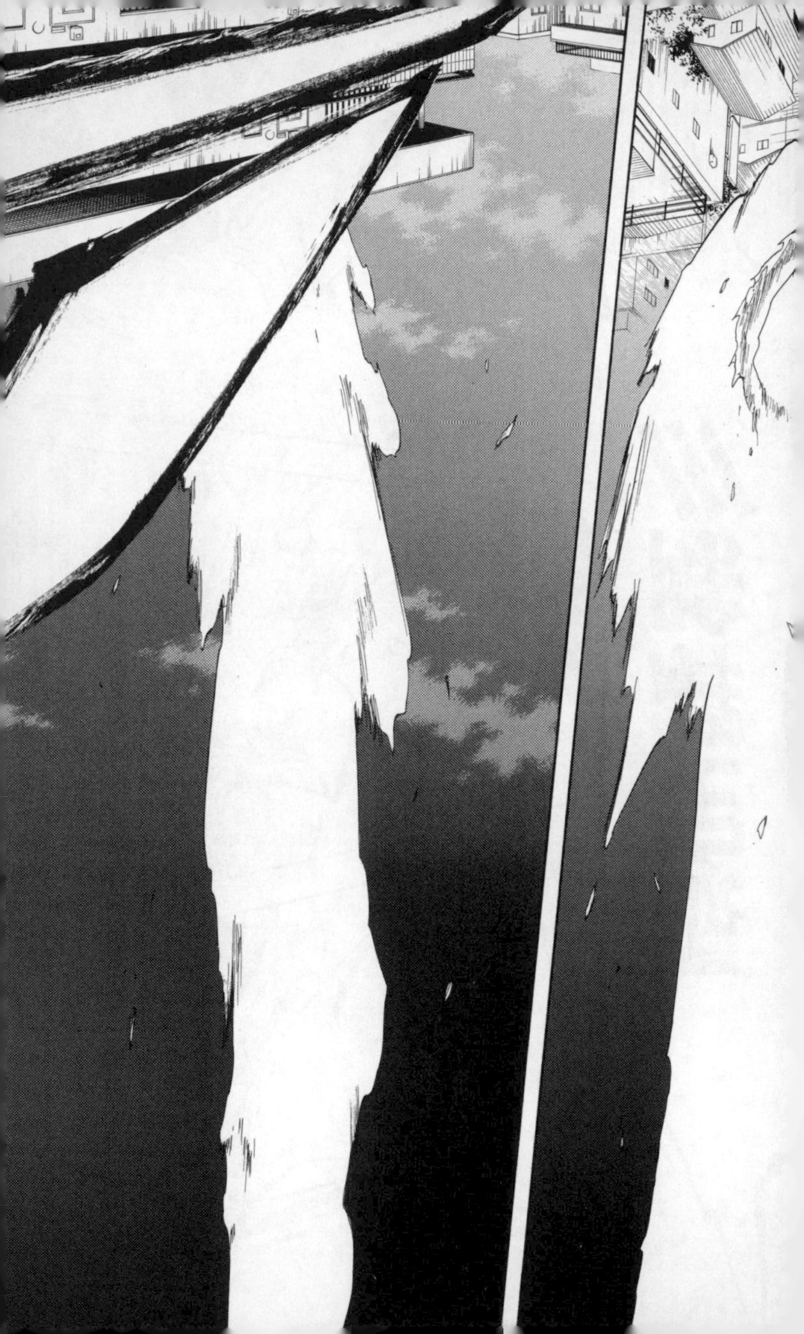

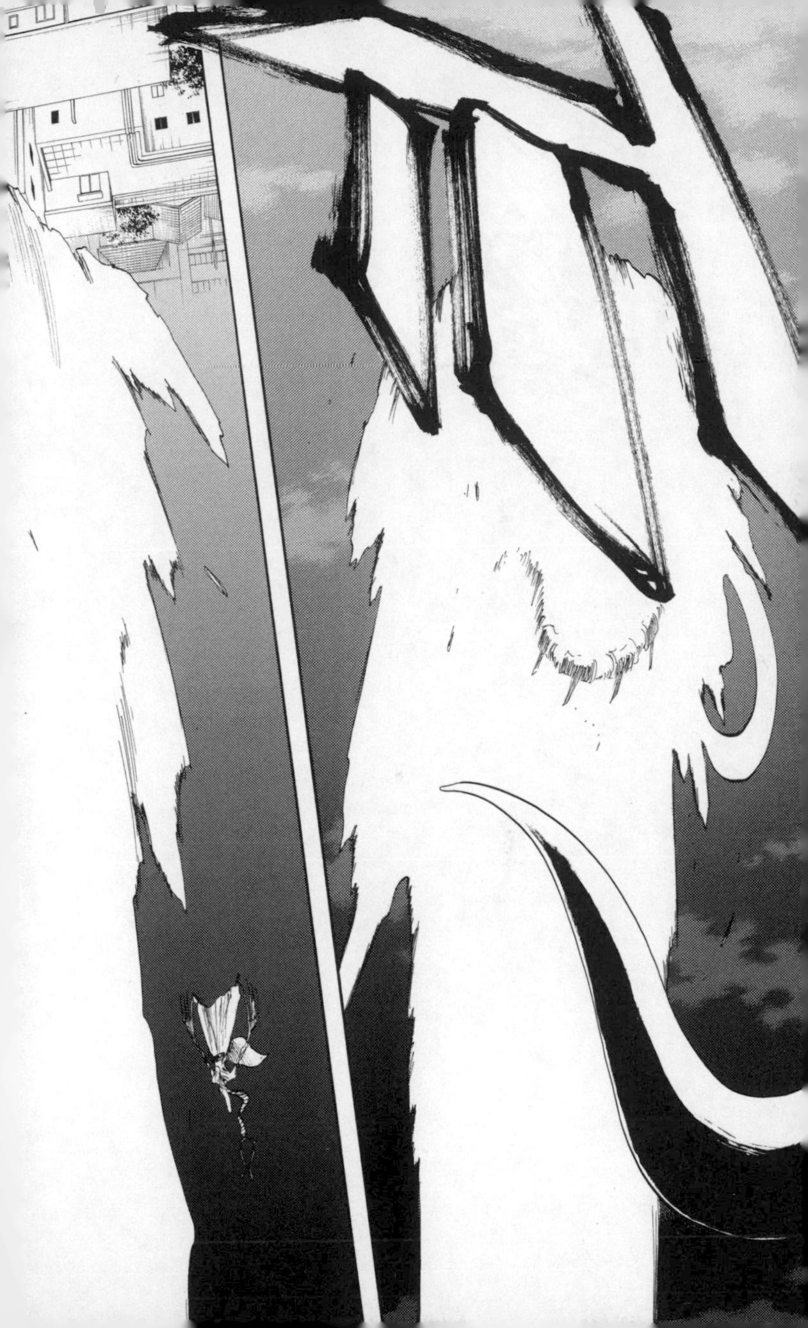

これは…！
首飾りまいちパッとしねえ…
…じゃない！
出番がなくてパッとしねえ…
…違う！
出番が少なくて
かわいそ…少ないところが逆にイイ
この俺のいいトコを
乱菊さんにアピるチャンス!!!

210. Turn the True Power On

BLEACH210. Turn the True Power On

…な…
…何《なん》だと……!?

――〝限定解除《げんていかいじょ》〟
俺達《おれたち》護廷《ごてい》十三隊《たい》の隊長《たいちょう》・副隊長《ふくたいちょう》は現世《げんせ》の霊《れい》なるものに不要《ふよう》な影響《えいきょう》を及《およ》ぼさねえよう
現世《げんせ》に来《く》る際《さい》にはそれぞれの隊章《たいしょう》を模《も》した限定霊印《げんていれいいん》を体《からだ》の一部《いちぶ》に打《う》ち

霊圧《れいあつ》を極端《きょくたん》に
制限《せいげん》されるのよ
その限定率《げんていりつ》は
80%《パーセント》——
つまり
限定解除《げんていかいじょ》した
あたし達《たち》の力《ちから》は
今迄《いままで》の——

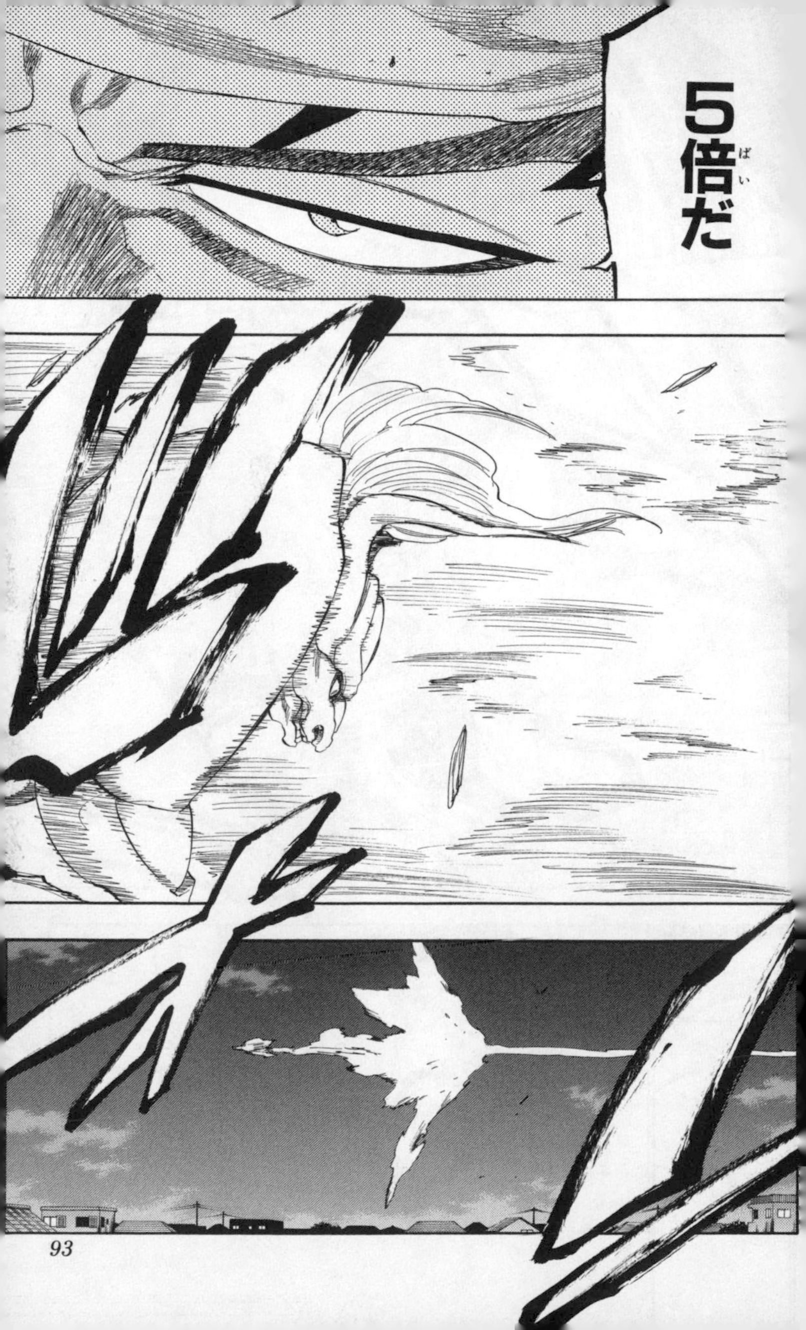
5倍《ばい》だ

遅《おそ》いっての
あんた達《たち》
最初《さいしょ》ここへ来《き》た時《とき》
凄《すご》い速《はや》さで移動《いどう》して
来《き》たじゃない
あのくらいで
来《き》なさいよ
アレ・
何《なん》て技《わざ》？

『響転《ソニード》』だ

そ
あたし達《たち》のはね
〝瞬歩《しゅんぽ》〟って言《い》うのよ

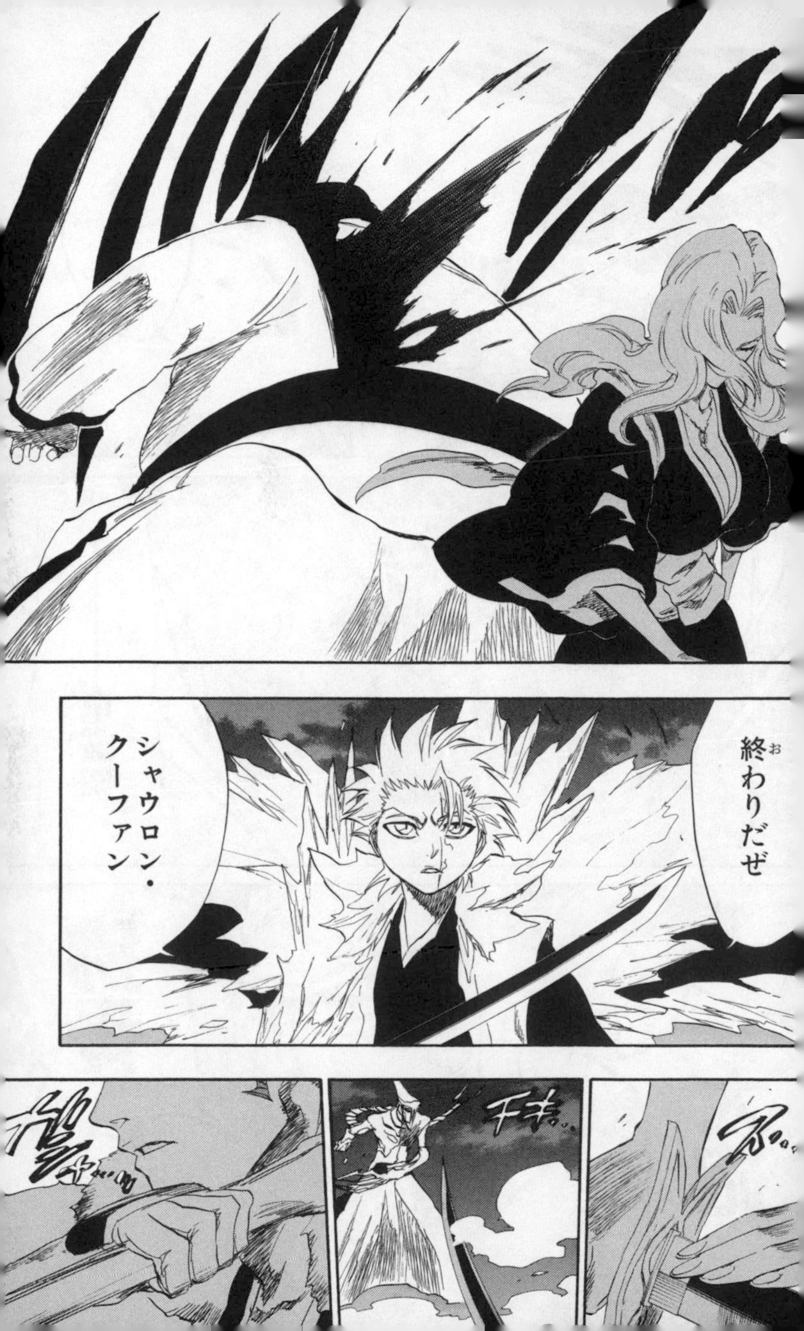
終《お》わりだぜ
シャウロン・クーファン
ス…
チキ…

唸《うな》れ
『灰猫《はいねこ》』
——竜霰架《りゅうせんか》
狒骨《ひこつ》
大砲《たいほう》

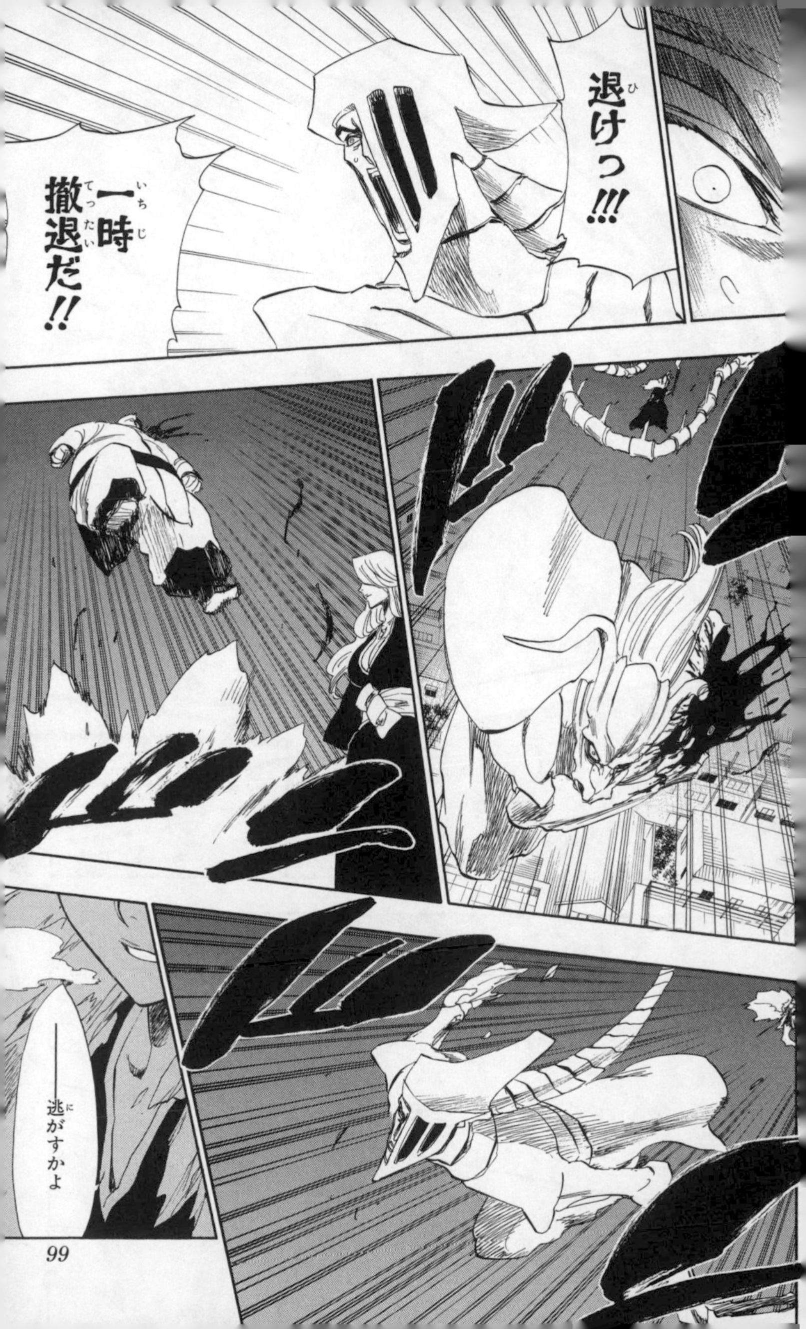
退《ひ》けっ!!!
一時《いちじ》撤退《てったい》だ!!
――逃《に》がすかよ

ホワンホワンホワ〜〜ン
ああっ！いたい!!
雪玉がいたいわ!!
誰か…
乱菊さん!!

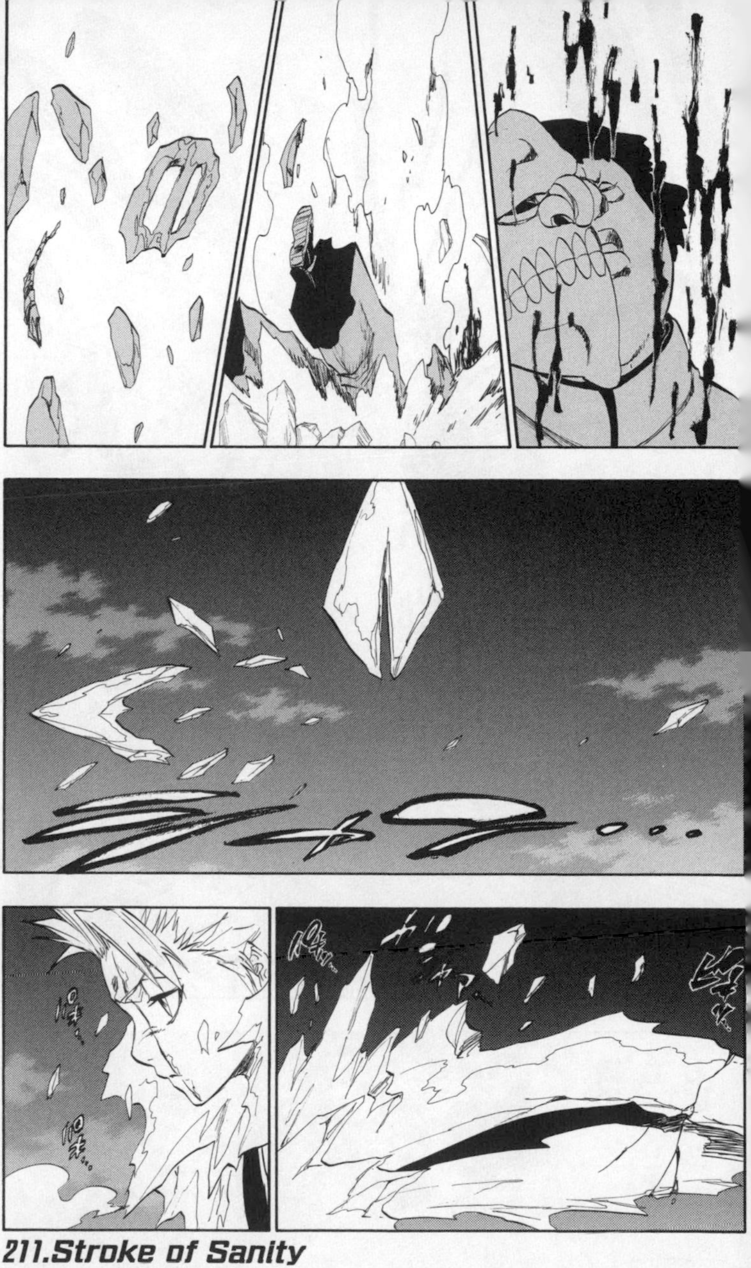

211.Stroke of Sanity

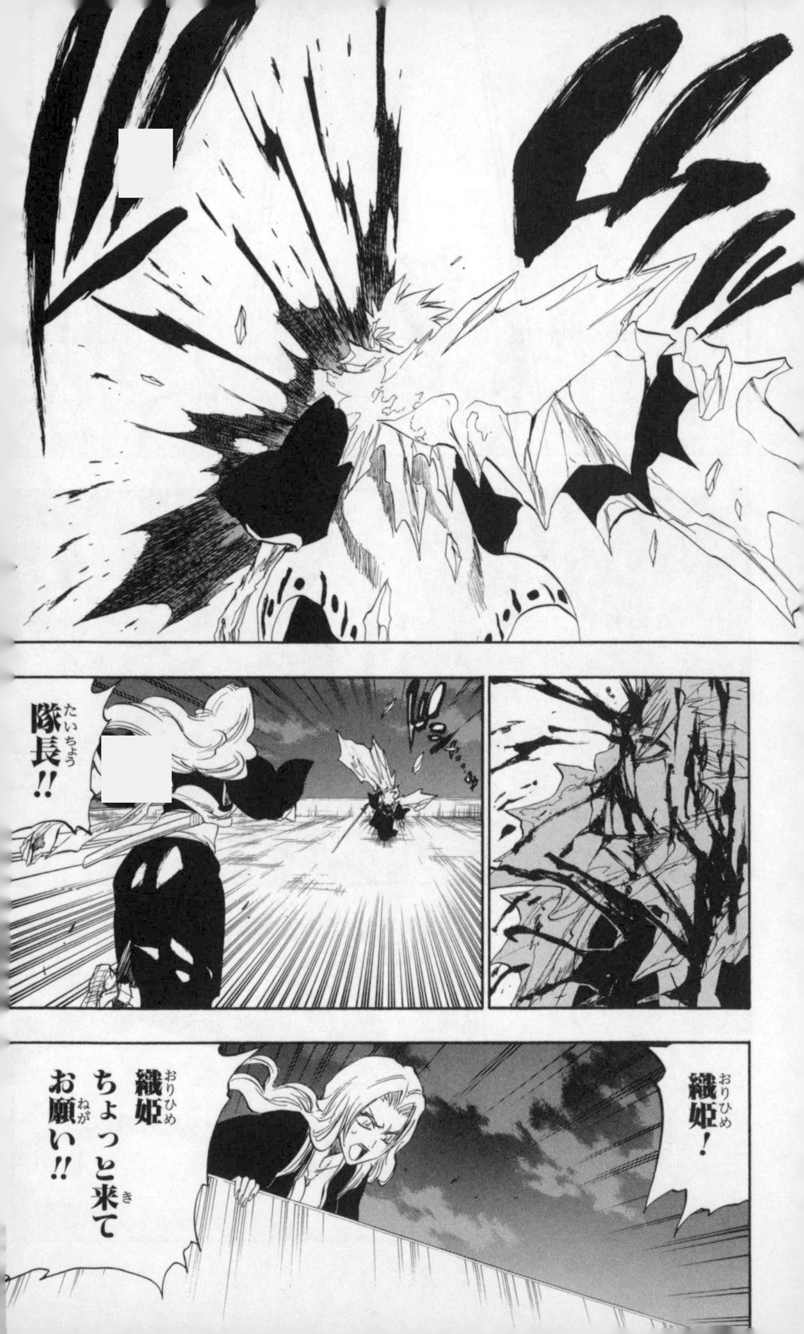
隊長《たいちょう》!!
織姫《おりひめ》!
織姫《おりひめ》
ちょっと来《き》て
お願《ねが》い!!

…くそっ…
…ヤバかった…！
限定解除《げんていかいじょ》に動揺《どうよう》して
あのヤロウに
隙《すき》ができたから
良《よ》かった…
もし最初《さいしょ》から
全開《ぜんかい》で戦《たたか》ってたら
勝《か》てたかどうか…
破面《アランカル》ってのは
どいつもこいつも
こんなに
強《つ》えェのかよ…!?
だとしたら…

211.Stroke of Sanity

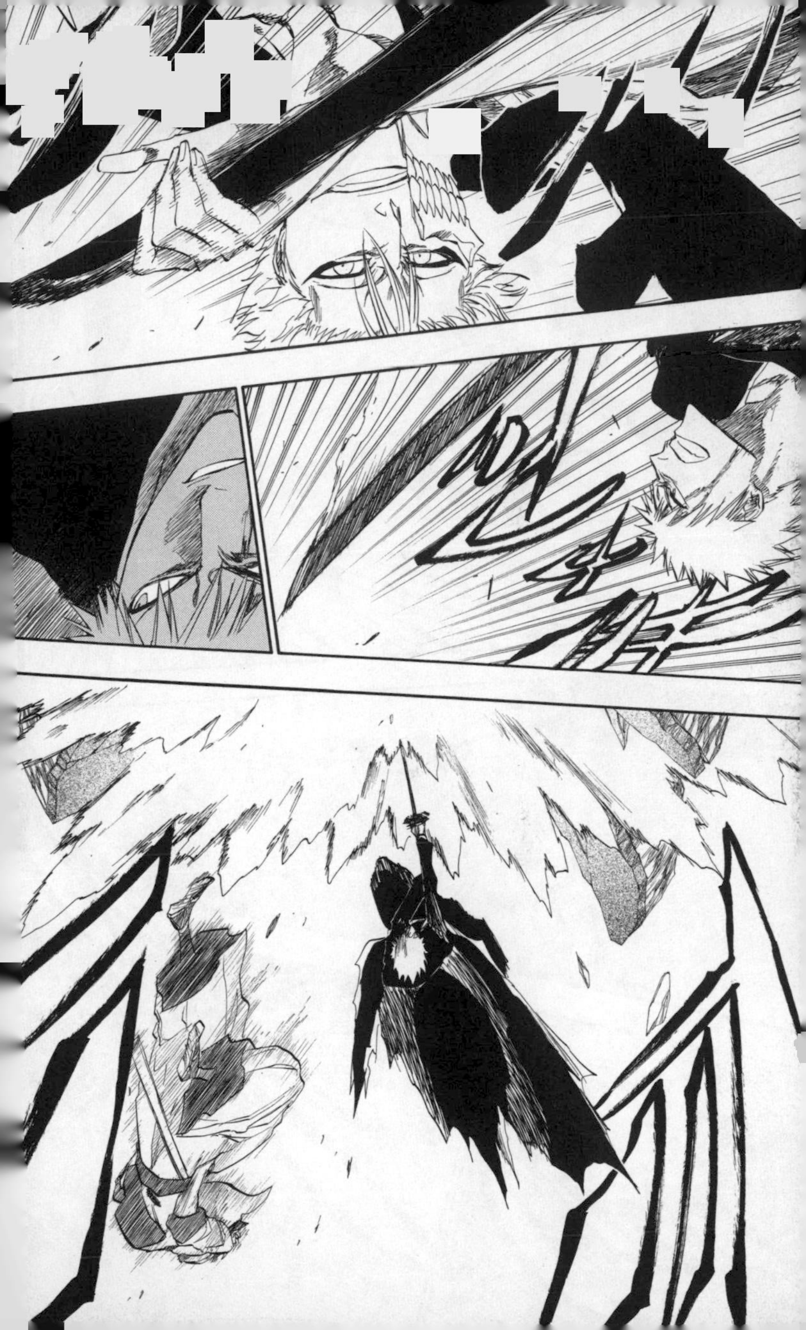

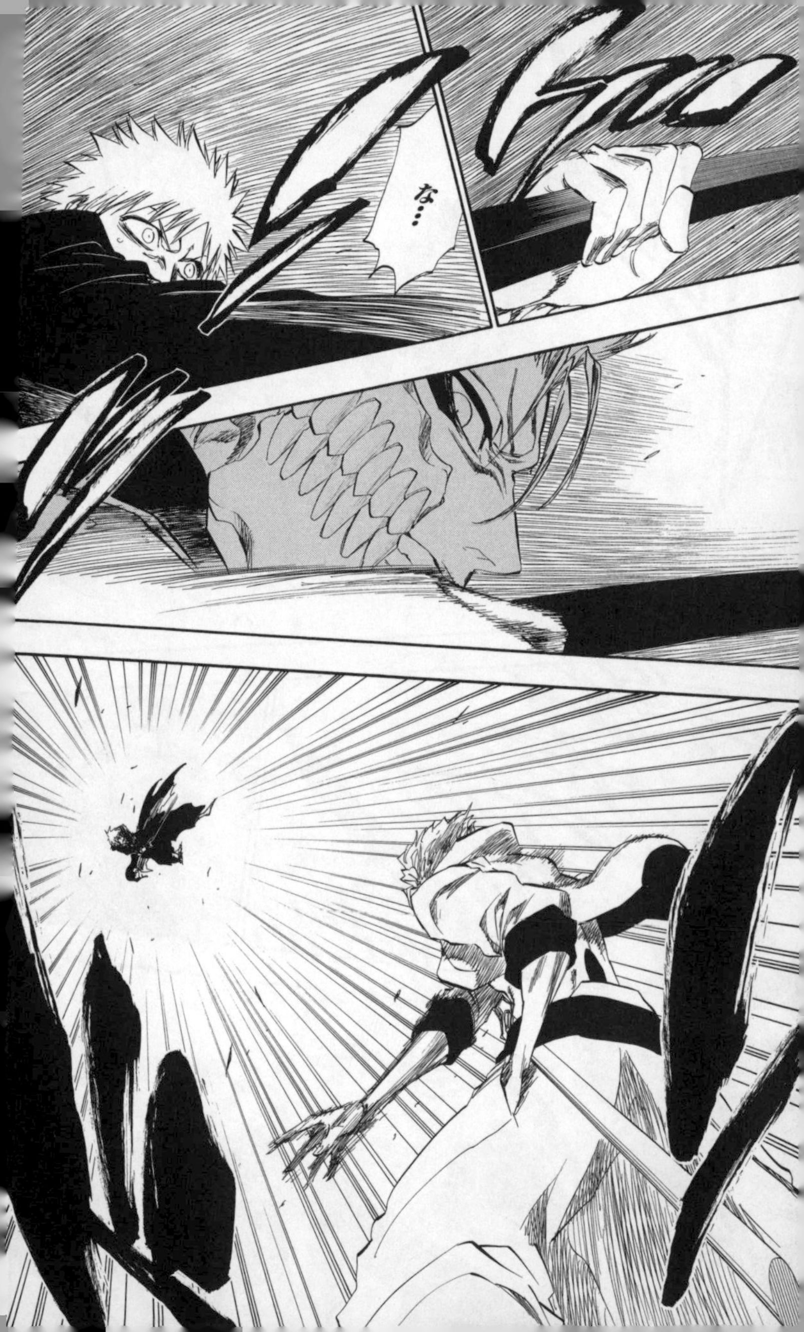
な…

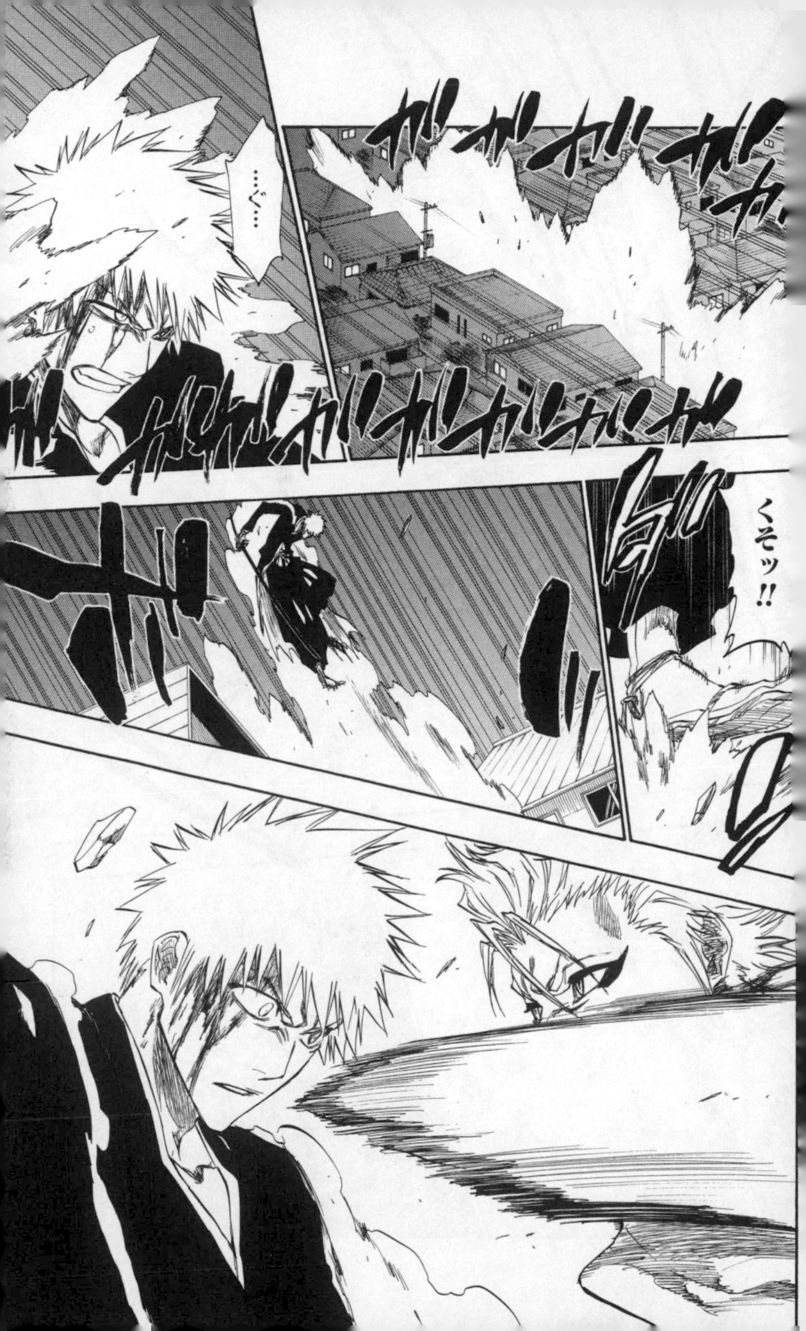
…ぐ…
くそッ!!

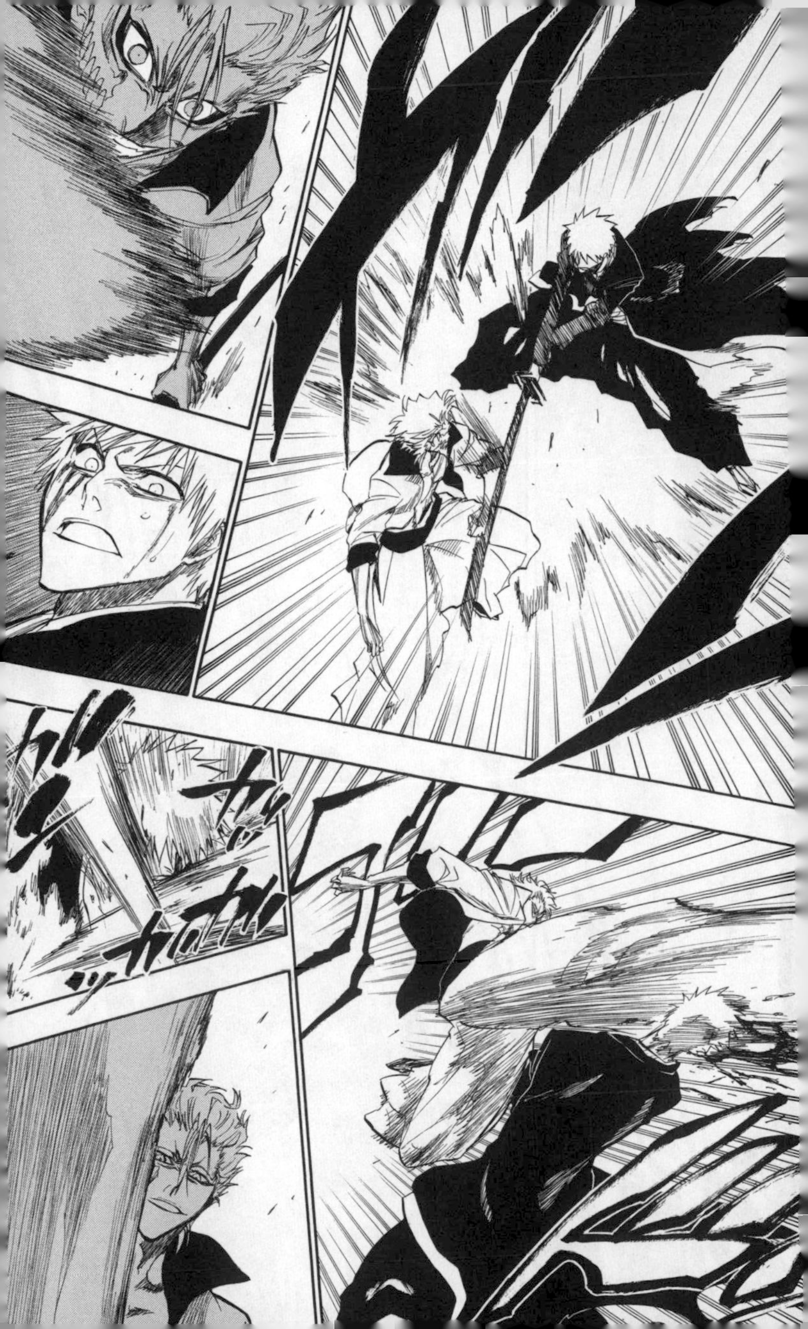

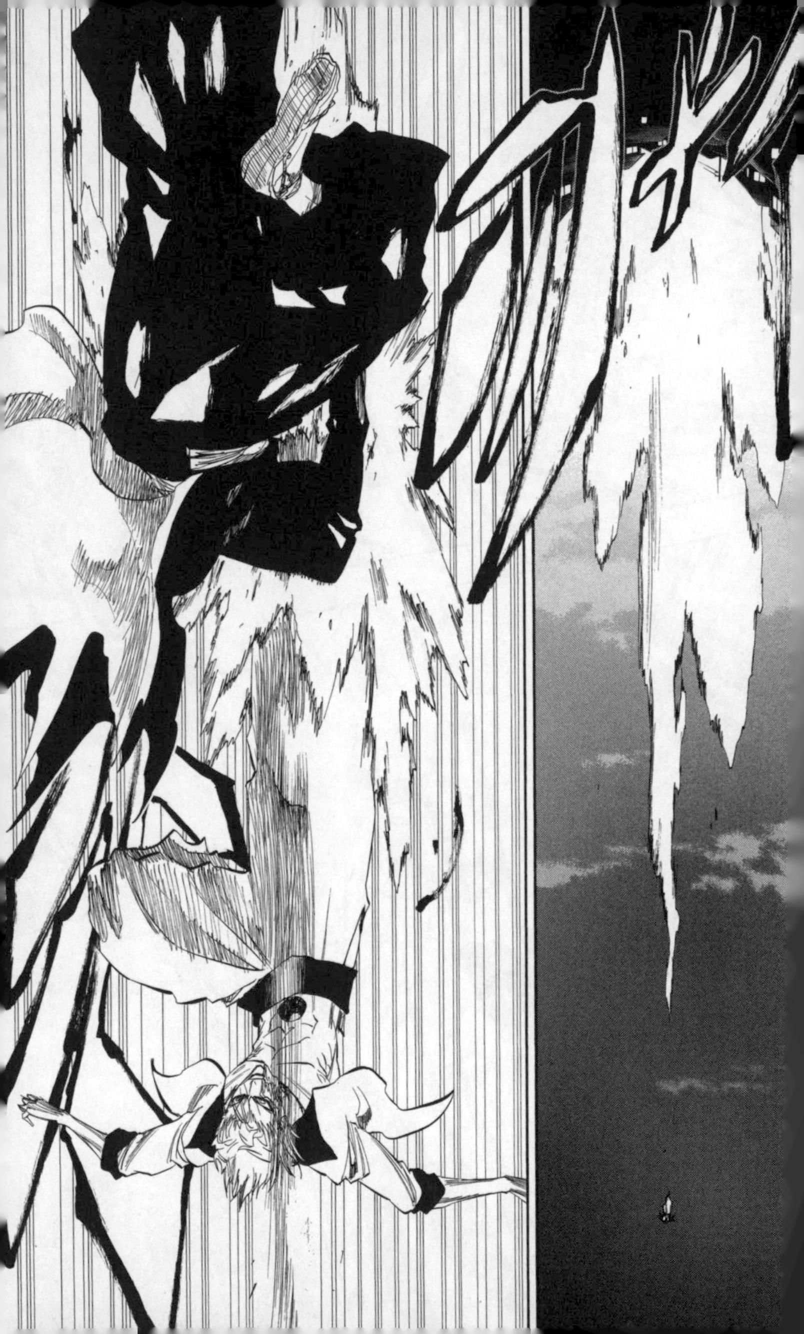

…ちっ…
こんなモンが
卍解《ばんかい》かよ…
ガッカリさせんじゃねえよ死神《しにがみ》!!
卍解《ばんかい》になってマトモになったのはスピードだけか!!
あァ!?

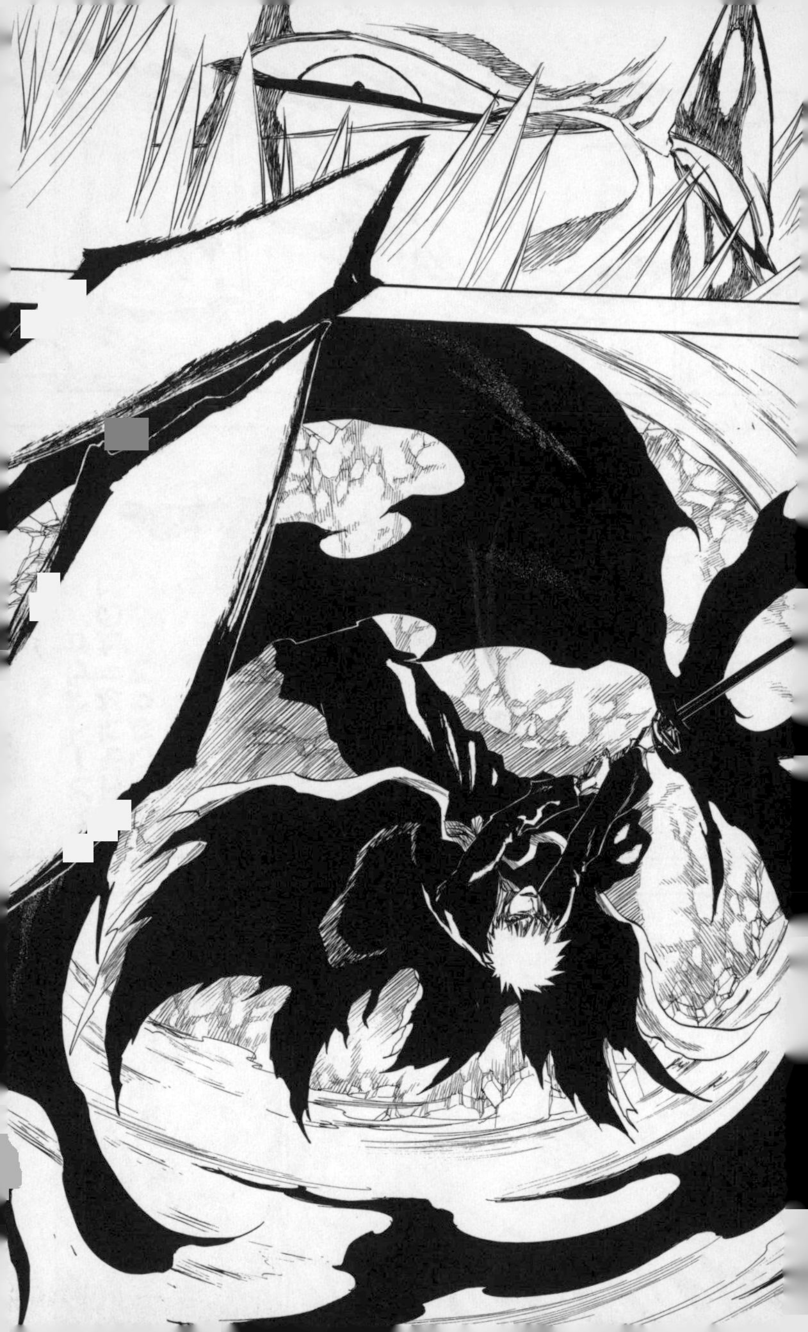

──月《げつ》牙《が》

天《てん》
衝《しょう》

はっ
はっ
はっ

…何《なん》だ
今《いま》のは…？

そんな技《わざ》…
ウルキオラからの報告《ほうこく》にゃ入《はい》ってなかったぜ死神《しにがみ》…！
…ガッカリせずに済《す》みそうか？
破面《アランカル》

…待《ま》てよ…
もうちょっとだからよ…

…一護《いちご》…
ギシ…ッ

おのれ吉良!!
仮想敵。
エヤアアアアアア

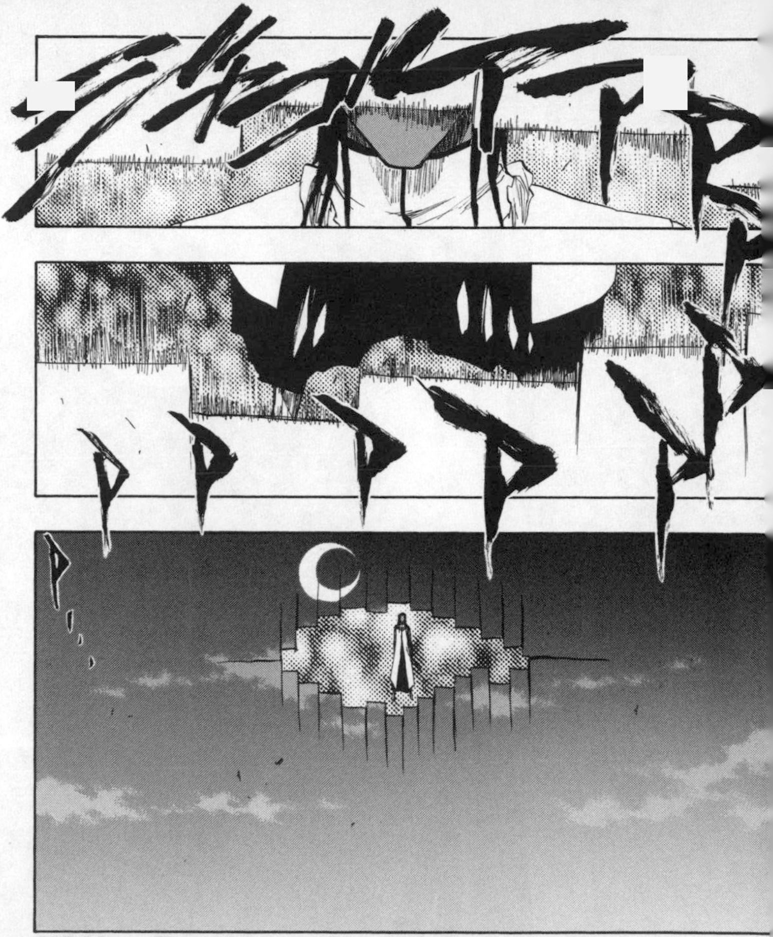

212. You Don't Hear My Name Anymore

BLEACH
ブリーチ
212. You Don't Hear My Name Anymore

はっ

ははははははははははははっ!!!
上等《じょうとう》じゃねえか死神《しにがみ》!!
これでようやく
殺《ころ》し甲斐《がい》が出《で》て来《く》るってモンだぜ!!

…くそ……！
傷《きず》が浅《あせ》え…
月牙天衝《げつがてんしょう》をモロに喰《く》らってもあの程度《ていど》かよ…
黒い月牙天衝は元々《もともと》はあいつの技《わざ》だ
使《つか》えばあいつが出《で》てくるのを早《はや》める…
正気《しょうき》で撃《う》つのはあと2・3発《ぱつ》が限界《げんかい》だ……
どうする……！
…オイ
ボサッとしてんなよ死神《しにがみ》
次《つぎ》はこっちの
番《ばん》だぜ

刀《かたな》を納《おさ》めろ
グリムジョー
東仙《とうせん》…！
東仙《とうせん》…!?
藍染達《あいぜんたち》と消《き》えた隊長《たいちょう》か!!
なんでてめえがここに居《い》んだよ!?
〝何故《なぜ》〟か
…だと？
解《わか》らないか
本当《ほんとう》に？

独断《どくだん》での現世《げんせ》への侵攻《しんこう》…
五体《たい》もの破面《アランカル》の無断動員《むだんどういん》
及《およ》びその敗死《はいし》——
全《すべ》て
命令違反《めいれいいはん》だ
わかるだろう
藍染様《あいぜんさま》はお怒《いか》りだ
グリムジョー

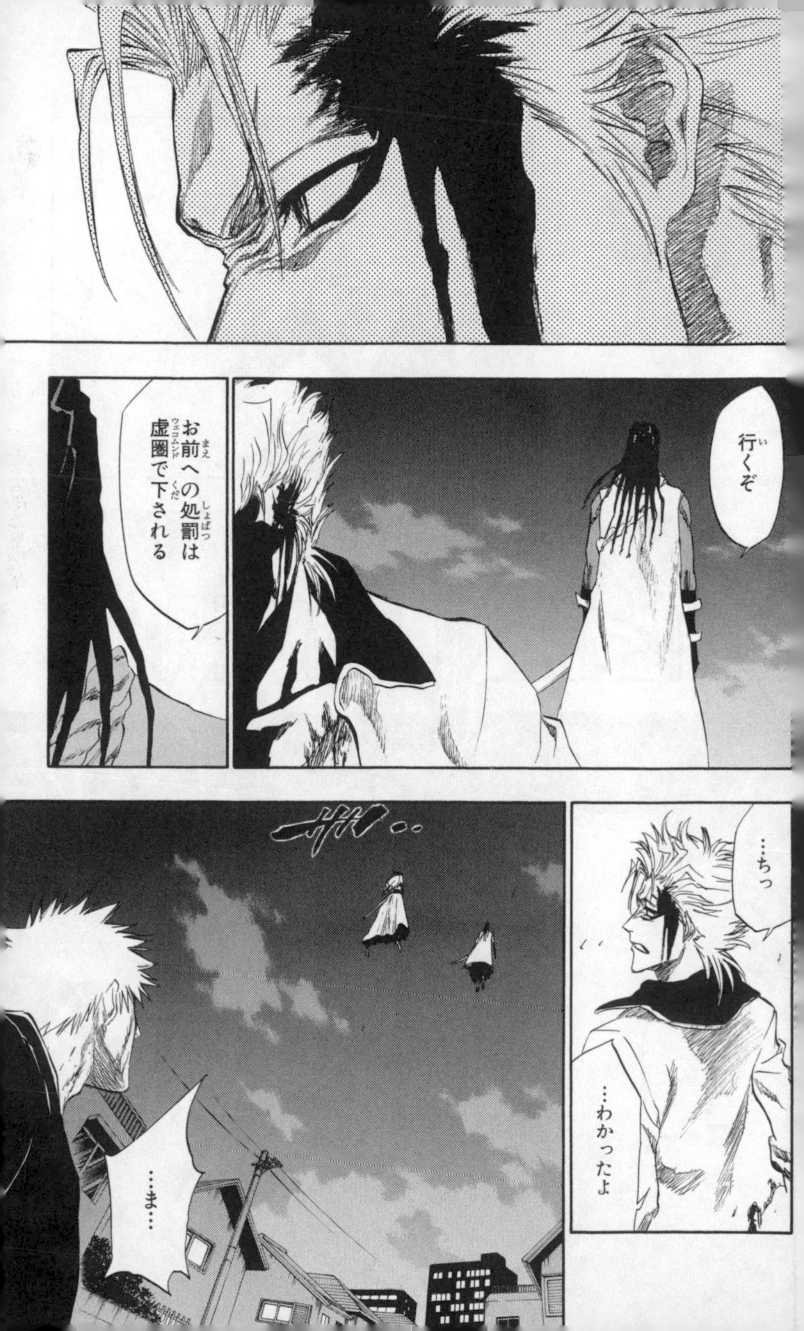
行《い》くぞ
お前《まえ》への処罰《しょばつ》は虚圏《ウェコムンド》で下《くだ》される
…ちっ
…わかったよ
…ま…

待《ま》て!
どこ行《い》くんだよ!!
ウルセーな
帰《かえ》んだよ
虚圏《ウェコムンド》へな

ふざけんな！
勝手《かって》に攻《せ》めて来《き》といて勝手《かって》に帰《かえ》るだ⁉
冗談《じょうだん》じゃねえぞ!!
下《お》りてこいよ!!
まだ勝負《しょうぶ》は
ついてねえだろ!!!
…まだ勝負《しょうぶ》は
…ついてねえだと…？

ふざけんな
勝負《しょうぶ》がつかなくて命拾《いのちひろ》ったのは
てめえの方《ほう》だぜ死神《しにがみ》

さっきの技《わざ》はテメーの体《からだ》にもダメージを与《あた》えるってことは
今《いま》のてめえを見《み》りゃわかる
撃《う》ててあと2・3発《ぱつ》ってとこだろう
だが仮《かり》にあの技《わざ》をてめえが無限《むげん》に撃《う》ち続《つづ》けられたとしても…
てめえに
解放《かいほう》状態《じょうたい》の俺《おれ》は倒《たお》せねえ
…解放《かいほう》…
…状態《じょうたい》だと…？
…俺《おれ》の名《な》を
忘《わす》れんじゃねえぞ
そして二度《ど》と
聞《き》かねえことを祈《いの》れ

グリムジョー・ジャガージャック
この名《な》を次《つぎ》に聞《き》く時《とき》が

てめえの最後《さいご》だ
死神《しにがみ》

ザパ……ッ
…破面《アランカル》どもは…
虚圏《ウェコムンド》に帰《かえ》ったのか…
…勝《か》ったのか

敗《ま》けた
…馬鹿野郎《ばかやろう》
生《い》きてりゃ
それで
勝《か》ちじゃねえか
嘘《うそ》
吐《つ》くなよ

お前《まえ》が俺《おれ》なら
そうは言《い》わねえ筈《はず》だぜ
…俺《おれ》は誰《だれ》も護《まも》れちゃいねえ
傷《きず》つけた奴《やつ》を
倒《たお》せてもいねえ

俺《おれ》は
敗《ま》けたんだ
…グリムジョー…

ありがとう修兵…
…強くなったのね…
そんな…
…主役として当然のことをしたまでっス…

はァ〜〜〜〜…
遅《おそ》い！
何《なに》やってんだ
あのボケ…
帰《かえ》ってきたら
キンタマ
踏《ふ》み潰《つぶ》してやる…
ガチャ
…ただいまァ〜〜
遅《おそ》い!!!
ケイゴ
あんたねえ！
ジュース一本《ぽん》自販機《じはんき》で
買《か》うのに何分《なんぷん》…
213.trifle

…あの…
姉《ねえ》ちゃん…

そ…
…その…
…え〜っと…
実《じつ》はその…この人達《ひとたち》…
ジュース買《か》いに行《い》ったら道端《みちばた》に倒《たお》れてたっていうか…
そんで何《なん》だかジュース買《か》えなかったっていうか…
ていうかこの人達《ひとたち》しばらくウチに泊《と》めることになったっていうか…
あ…でも…
もし姉《ねえ》ちゃんがどーしてもダメって言《い》うなら…そりゃー俺的《おれてき》にはもうしょうがないかなーなんて…
…こ…

この野郎《やろう》でかしたケイゴ!!!
ごめんなさい!!!
…ってええッ!?
ナニ!? 泊《と》めんのこの人達《ひとたち》!?
オッケーオッケー全然《ぜんぜん》オッケッ!!
オッケーってオマエ…
あ?
あ・イヤ姉《ねえ》ちゃん…
つーか父《とう》ちゃんと母《かあ》ちゃんにオッケーとんなくていいのかよ!?
姉《ねえ》ちゃんが勝手《かって》に決《き》めて…
初《はじ》めまして…ケイゴの姉《あね》のみづ穂《ほ》です♡
聞《き》けよ話《はなし》!!!
ウルサイなあ…何《なん》か文句《もんく》あんの?
あんたが連《つ》れて来《き》たくせに
そーだけど!
でも俺《おれ》としては姉《ねえ》ちゃんが体良《ていよ》く断《ことわ》ってくれれば泊《と》めなくてすむかもとか…
そーいう淡《あわ》い期待《きたい》を込《こ》めて紹介《しょうかい》したりもしてたワケだコレが!!
あーそう残念《ざんねん》
オッケーでした
だから何《なん》でオッケーなんだよ!!
見《み》ず知《し》らずの男《おとこ》だぞ!? 危《あぶ》ないじゃん!! もっとよく考《かんが》えろよ!!

いいのよ…
弟《おとうと》が連《つ》れてきた
得体《えたい》の知《し》れない男《おとこ》を
理由《りゆう》もきかず
優《やさ》しく受《う》け入《い》れる
姉《あね》…
そういう姉《あね》に…
私《わたし》は
なりたい
うるせーよ!!
オメーが将来的《しょうらいてき》に
どうなりたいかなんて
サラサラキョーミ
ねーんだよ!!
ていうかあたし
ボウズ
大好《だいす》きだしね♡
理由《りゆう》
そんだけじゃん
明《あき》らかに!!
つーか大体《だいたい》
ボウズじゃ
ねーじゃん
ハゲじゃん!!
ハゲでも
ねえよ
はい…
そうでしたよね…
…すいません…

原商
…き…
キスケさん…
キスケさん…
…大丈夫《だいじょうぶ》だ
雨《ウルル》

浦原商店
オオオオオオオオ・・・
オオオオ

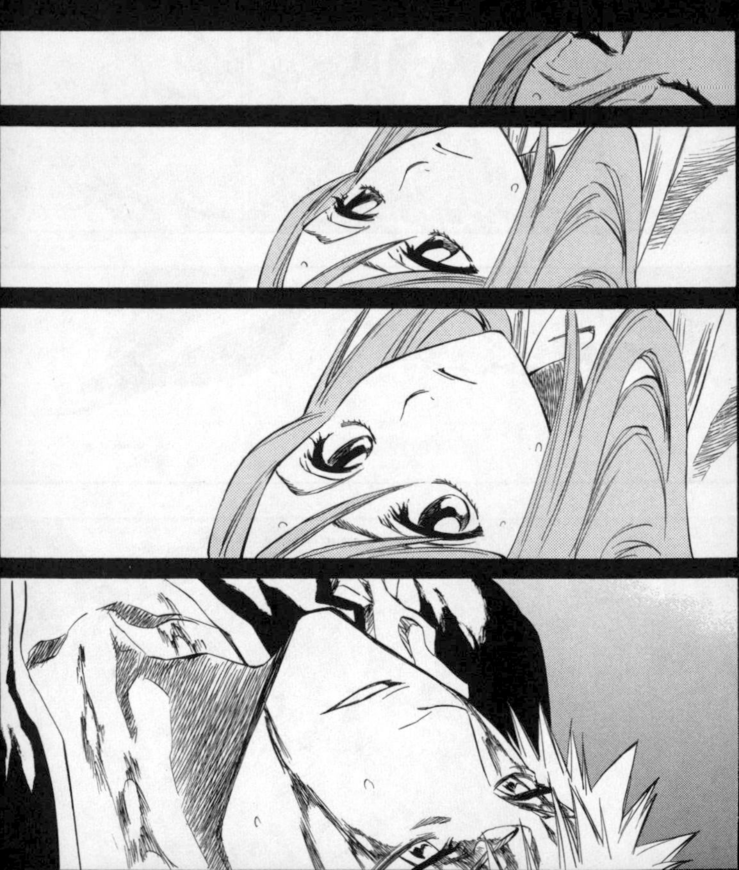

――おかえり
グリムジョー

…どうした
謝罪《しゃざい》の言葉《ことば》があるだろうグリムジョー
別《べつ》に
…貴様《きさま》……
いいんだ要《かなめ》

私《わたし》は何《なに》も怒《おこ》ってなどいないよ
藍染様《あいぜんさま》…！
グリムジョーの今回《こんかい》の行動《こうどう》は
御《ぎょ》し難《がた》い程《ほど》の忠誠心《ちゅうせいしん》の表《あらわ》れだと私《わたし》は思《おも》っているんだ
違《ちが》うかい？
グリムジョー
…そうです

…何《なに》すんだ
東仙《とうせん》
藍染様《あいぜんさま》！
この者《もの》の
処刑《しょけい》の許可《きょか》を!!
…要《かなめ》

私情だな
てめえが俺《おれ》を気《き》に喰《く》わねえだけじゃねえか
統括官様《とうかつかんさま》がそんなことでいいのかよ？
私《わたし》は調和《ちょうわ》を乱《みだ》す者《もの》を許《ゆる》すべきではないと考《かんが》える
それだけだ
組織《そしき》の為《ため》か？
藍染様《あいぜんさま》の為《ため》だ
はっ
大義《たいぎ》を掲《かか》げるのがお上手《じょうず》なこった
大義《たいぎ》無《な》き正義《せいぎ》は殺戮《さつりく》に過《す》ぎない
チキ…
そうだ
大義《たいぎ》だ
貴様《きさま》の行《おこな》いにはそれが無《な》い
だが
大義《たいぎ》の下《もと》の殺戮《さつりく》は

正義《せいぎ》だ

アあああああああああ!!!
破道《はどう》の五十四
廃炎《はいえん》
くそッ!!!
くそッ!!
くそッ!!!
くそッ!

てめえ…!
俺《おれ》の腕《うで》を……!!
殺《ころ》す!!!
止《や》めろ
グリムジョー
お前《まえ》がそこで要《かなめ》を攻撃《こうげき》すれば
私《わたし》はお前《まえ》を許《ゆる》す訳《わけ》にはいかなくなる

ちっ！
…また部下《ぶか》で遊《あそ》ばはって…
意地《いじ》が悪《わる》いなア…
——見《み》ていたのか

ギン

あそこであんなん言《い》ったら要《かなめ》やったらああすること
最初《さいしょ》からわかってはったやろ？
…どうかな
破面《アランカル》も五体《たい》も消《き》えてもうたし…
問題無《もんだいな》いさ
所詮《しょせん》は
最下級《ギリアン》だ
予定《よてい》には寸分《すんぶん》の狂《くる》いも無《な》い
最上級《ヴァストローデ》を揃《そろ》えて
十刃《エスパーダ》が完成《かんせい》すれば
我々《われわれ》の道《みち》に
敵《てき》は無《な》い

ね…
雪玉がムネの中に入って溶けちゃったの…
ふいてくれるわよね…?
修兵…

214.Immanent God Blues

どうした
そんなに死神達《しにがみたち》の戦《たたか》いが気《き》になるか？
雨竜《うりゅう》
—何《なん》の話《はなし》だ？

僕《ぼく》が気《き》になっているのは
本当《ほんとう》にこんなやり方《かた》で僕《ぼく》に霊力《チカラ》が戻《もど》るのか・ってことだけだ
…信用《しんよう》できないか
難《むずか》しいね
霊化銀《れいかぎん》と霊化硝子《れいかガラス》でできたこの隠《かく》し部屋《べや》で
あんたの矢《や》を躱《かわ》し続《つづ》ける…
そんなことを延々《えんえん》続《つづ》けて…
本当《ほんとう》に僕《ぼく》は滅却師《クインシー》の力《ちから》を取《と》り戻《もど》せるのか!?

無論《むろん》だ
お前《まえ》が死《し》にさえしなければな

BLEACH
214
Immanent God Blues
ブリーチ214.イマナント・ゴッド・ブルース
お——に——い——
ちゃ————ん!!

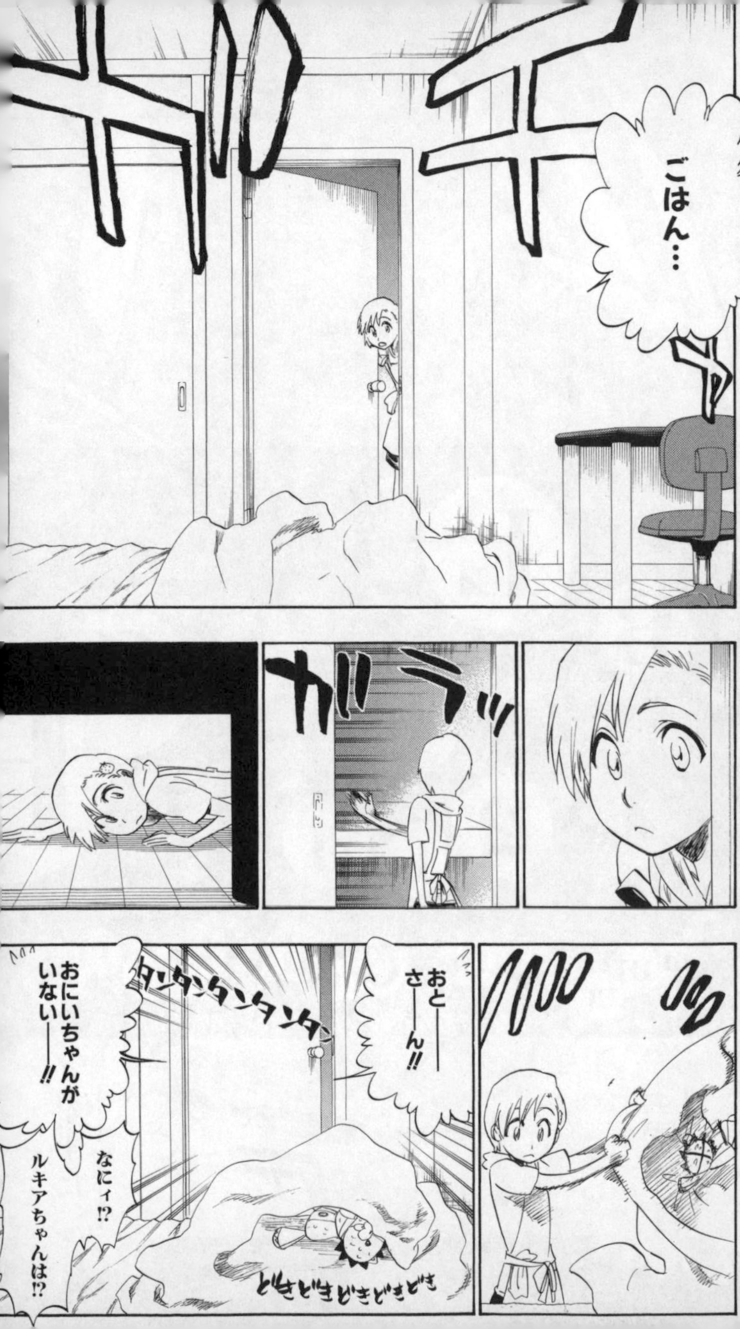
ごはん…
ガチャ
ガラッ
バッ
おと———
さ———ん!!
タンタンタンタンタンタ
おにいちゃんが
いない———!!
なにィ!?
ルキアちゃんは!?
どきどきどきどきどき

どうしたんですの？おじ様《さま》
おお！無事《ぶじ》だったかルキアちゃん!!
おにいちゃんがいないの!!
ルキアちゃん知《し》らない!?
一護《いちご》が？
も…もう治《なお》ったのか!?
ああ…
癒《い》えている…信《しん》じ難《がた》い速《はや》さだ…
…ありがとう井上《いのうえ》
え!?
どんどん腕《うで》を上《あ》げていくな…
そ…そんなことないよ！
あたしなんて…
…治《なお》ったのかルキア

…何《なん》だ その顔《かお》は！
私《わたし》の怪我《けが》に責任《せきにん》でも感《かん》じているのか!?
調子《ちょうし》にのるなよ！
自分《じぶん》の怪我《けが》は自分《じぶん》のミスだ！
貴様《きさま》に護《まも》られる程《ほど》私《わたし》は弱《よわ》くはない！
景気《けいき》の悪《わる》い顔《かお》をするな！
…ああ
…貴様《きさま》の内《うち》なる虚《ホロウ》のことなら…
…浦原《うらはら》の奴《やつ》に訊《き》いてみたらどうだ
貴様《きさま》を鍛《きた》えたのはあ奴《やつ》だ
ならばその内《うち》なる虚《ホロウ》のことも或《ある》いは…

…浦原さんには…
…訊《き》く気《き》は無《ね》えんだ
あの人《ひと》は何《なに》も話《はな》さなくてもきっと今《いま》の俺《おれ》の状態《じょうたい》には気付《きづ》いてる
そして
その解決法《かいけつほう》を知《し》ってるなら
きっと尸魂界《ソウル・ソサエティ》に行《い》く前《まえ》に教《おし》えてくれてると思《おも》うんだ
何《なに》も言《い》ってこないってことはあの人《ひと》もコイツを抑《おさ》える方法《ほうほう》を知《し》らねえってことだ
俺《おれ》はあの人《ひと》に鍛《きた》えてもらった
充分《じゅうぶん》感謝《かんしゃ》してる
このことであの人《ひと》を
だから
問《と》い詰《つ》めるようなマネはしたくねえんだ———…

一護《いちご》———…
何処《どこ》へ
ザァ…ッ

――わかってる…
ダメなんだ…
…このままじゃ…
黒崎《くろさき》が休《やす》み!?

珍《めずら》しいな…
あいつ授業《じゅぎょう》はサボるけど休《やす》みは殆《ほとん》どないのに…
石田《いしだ》と茶渡《さど》は今日《きょう》も休《やす》みか…
…って朽木《くちき》も!? どーしたよホント…
よーーし!
授業《じゅぎょう》始《はじ》めるぞーー!
ピ
ピッ
ピ
ピッ

……——……
だれだっ!?——
たーぷん
…何遊《なにあそ》んでんだ松本《まつもと》…
やだ! すごい隊長《たいちょう》 一発正解《ぱつせいかい》!!
何《なに》してんです?
現世《コッチ》じゃ制服着《せいふくき》てる子《こ》はガッコ行《い》かなきゃダメなんですよぉ
報告書《ほうこくしょ》だ!
限定解除《げんていかいじょ》のお陰《かげ》でラクショーっした!
ひゅ
…連中《れんちゅう》はザコだ
上級大虚《ヴァストローデ》でも無《な》ければ
恐《おそ》らくは中級大虚《アジューカス》ですら無《ね》え

隊長格《オレたち》ですら限定解除《げんていかいじょ》無《な》しには最下級《ギリアンクラス》も倒《たお》せねえ…
それが破面《あいつら》のレベルだってことだ…
だん
ガラッ
イエーーーイ!!!
ケガ治《なお》ったんだからもっとうれしそうにしろっつーの!!
ンだよノリ悪《わ》りーな!
誰《だれ》のためにやってると思《おも》ってんだよ!!オメーだよオメー!!
…えっと…どっちかっていうと治《なお》ったばっかりだしおとなしくさせてほしい…

イイイエーーーイ!!!
ピョ
うでがいたいよ
ジン太《た》くん…
こらこら
あんまりはしゃぐと
転《ころ》ぶっスよーーー
…浦原《うらはら》さん…
おやァ
茶渡《さど》サンじゃ
ないっスか♪
何《なに》か
御用《ごよう》…

頼《たの》む…！
俺《おれ》を鍛《きた》えてくれ…!!

はい？
ザッ
…ようここが判《わか》ったなァ

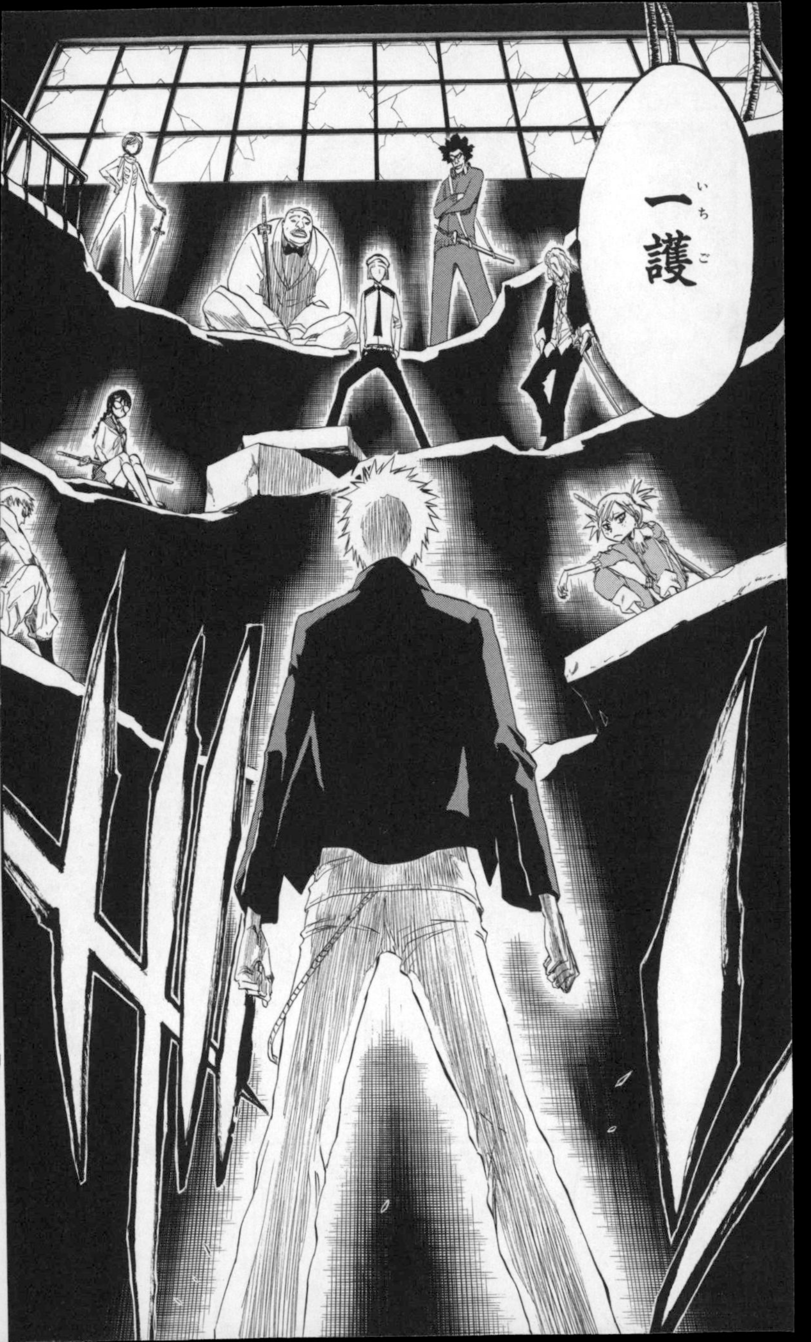
一《いち》護《ご》

24 IMMANENT GOD BLUES(完)

も…もちろん!!
おのれ雪玉…ッ!!!
ぶふぉっ!
やるぜ…俺はやる…!
まってて下さい乱世男さん!!

BLEACH POPULARITYVOTE 3

RESULT

第三回人気投票《だいさんかいにんきとうひょう》
詳細結果発表《しょうさいけっかはっぴょう》!!

PER-FECT LIST

75,000通《つう》を突破《とっぱ》!
第三回《だいさんかい》キャラクター人気投票《にんきとうひょう》
結果発表《けっかはっぴょう》!!

2位《い》 日《ひ》番《つ》谷《がや》冬《とう》獅郎《しろう》
(8,321票《びょう》)
5位《い》 市丸《いちまる》ギン
(4,039票《ひょう》)
3位《い》 朽木《くちき》ルキア
(6,122票《ひょう》)
BEST 1-5

BLEACH POPULARITY VOTE 3

RESULT

第《だい》三《さん》回《かい》人《にん》気《き》投《とう》票《ひょう》
詳《しょう》細《さい》結《けっ》果《か》発《はっ》表《ぴょう》!!

PER-FECT LIST

9位《い》 更木剣八《ざらきけんぱち》
(3,001票《ひょう》)
8位《い》 浦原喜助《うらはらきすけ》
(3,676票《ひょう》)
7位《い》 四楓院夜一《しほういんよるいち》
(3,744票《ひょう》)
BEST6-10

6位《い》 朽木白哉《くちきびゃくや》
(3,752票《ひょう》)
10位《い》 井上織姫《いのうえおりひめ》
(2,901票《ぴょう》)
BLEACH POPULARITYVOTE 3
RESULT
第《だい》三《さん》回《かい》人《にん》気《き》投《とう》票《ひょう》
詳《しょう》細《さい》結《けつ》果《か》発《はっ》表《ぴょう》!!
PER-
FECT
LIST

BLEACH POPULARITY VOTE 3

RESULT

第《だい》三《さん》回《かい》人《にん》気《き》投《とう》票《ひょう》 詳《しょう》細《さい》結《けっ》果《か》発《はっ》表《ぴょう》!!

PER-FECT LIST

1位《い》 (8,370票《びょう》) 黒崎《くろさき》一護《いちご》
2位《い》 (8,321票《びょう》) 日番谷《ひつがや》冬獅郎《とうしろう》
3位《い》 (6,122票《ひょう》) 朽木《くちき》ルキア
4位《い》 (4,517票《ひょう》) 阿散井《あばらい》恋次《れんじ》
5位《い》 (4,039票《ひょう》) 市丸《いちまる》ギン
6位《い》 (3,752票《ひょう》) 朽木《くちき》白哉《びゃくや》
7位《い》 (3,744票《ひょう》) 四楓院《しほういん》夜一《よるいち》
8位《い》 (3,676票《ひょう》) 浦原《うらはら》喜助《きすけ》
9位《い》 (3,001票《びょう》) 更木《ざらき》剣八《けんぱち》
10位《い》 (2,901票《びょう》) 井上《いのうえ》織姫《おりひめ》

●●

11位《い》 (2,873票《ひょう》) 吉良《きら》イヅル
12位《い》 (2,735票《ひょう》) 雛森《ひなもり》桃《もも》
13位《い》 (2,317票《ひょう》) 檜佐木《ひさぎ》修兵《しゅうへい》
14位《い》 (2,298票《びょう》) 浮竹《うきたけ》十四郎《じゅうしろう》
15位《い》 (1,742票《ひょう》) 石田《いしだ》雨竜《うりゅう》
16位《い》 (1,628票《びょう》) 砕蜂《ソイフォン》
17位《い》 (1,377票《ひょう》) 松本《まつもと》乱菊《らんぎく》
18位《い》 (1,266票《ひょう》) 藍染《あいぜん》惣右介《そうすけ》
19位《い》 (1,224票《ひょう》) 草鹿《くさじし》やちる
20位《い》 (737票《ひょう》) ウルキオラ
21位《い》 (641票《びょう》) 綾瀬川《あやせがわ》弓親《ゆみちか》
22位《い》 (609票《ひょう》) 伊勢《いせ》七緒《ななお》
23位《い》 (601票《びょう》) コン
24位《い》 (566票《ひょう》) 紬屋《つむぎや》雨《ウルル》
25位《い》 (545票《ひょう》) 山田《やまだ》花太郎《はなたろう》
26位《い》 (519票《ひょう》) 東仙《とうせん》要《かなめ》
27位《い》 (456票《ひょう》) 斑目《まだらめ》一角《いっかく》
28位《い》 (448票《びょう》) 涅《くろつち》マユリ
29位《い》 (445票《ひょう》) 京楽《きょうらく》春水《しゅんすい》
30位《い》 (440票《びょう》) 黒崎《くろさき》一心《いっしん》

31位《い》 (370票《びょう》) 茶渡《さど》泰虎《やすとら》
32位《い》 (346票《ひょう》) 虎徹《こてつ》勇音《いさね》
33位《い》 (316票《ひょう》) 志波《しば》海燕《カイエン》
阿近《アコン》
35位《い》 (258票《びょう》) 斬月《ざんげつ》
36位《い》 (217票《ひょう》) 志波《しば》岩鷲《ガンジュ》
37位《い》 (202票《ひょう》) 涅《くろつち》ネム
38位《い》 (181票《びょう》) 卯ノ花《うのはな》烈《れつ》
39位《い》 (175票《ひょう》) 狛村《こまむら》左陣《さじん》
40位《い》 (174票《ひょう》) 有沢《ありさわ》たつき
41位《い》 (171票《びょう》) 浅野《あさの》啓吾《けいご》
42位《い》 (155票《ひょう》) 平子《ヒラコ》真子《シンジ》
43位《い》 (151票《びょう》) 猿柿《さるがき》ひよ里《り》
44位《い》 (145票《ひょう》) 石田《いしだ》竜弦《りゅうけん》
45位《い》 (142票《ひょう》) 雀部《ささきべ》長次郎《ちょうじろう》
46位《い》 (137票《ひょう》) 朽木《くちき》緋真《ひさな》
47位《い》 (134票《ひょう》) 藍染《あいぜん》のメガネ
48位《い》 (129票《ひょう》) 理吉《りきち》
49位《い》 (109票《ひょう》) 志波《しば》空鶴《くうかく》
50位《い》 (88票《ひょう》) 虎徹《こてつ》清音《きよね》

BEST 1-146

51位《い》（84票《ひょう》）黒崎遊子《くろさきゆず》
52位《い》（72票《ひょう》）黒崎夏梨《くろさきかりん》
53位《い》（71票《ひょう》）久保帯人《くぼたいと》
54位《い》（56票《ひょう》）壺府《つぼくら》リン
55位《い》（42票《ひょう》）射場鉄左衛門《いばてつざえもん》
56位《い》（40票《ひょう》）一護《いちご》　虚化《ホロウか》
57位《い》（37票《ひょう》）山本元柳斎重國《やまもとげんりゅうさいしげくに》
58位《い》（35票《ひょう》）小島水色《こじまみずいろ》
59位《い》（21票《ひょう》）ドン・観音寺《かんおんじ》
60位《い》（19票《ひょう》）荻堂春信《おぎどうはるのぶ》
61位《い》（17票《ひょう》）伊江村八十千和《いえむらやそちか》
62位《い》（16票《ひょう》）本庄千鶴《ほんしょうちづる》
63位《い》（15票《ひょう》）荒巻真木造《あらまきまきぞう》／大虚《メノスグランデ》
65位《い》（14票《ひょう》）肉雫唼《みなづき》
66位《い》（13票《ひょう》）大前田希千代《おおまえだまれちよ》／蛇尾丸《ざびまる》
68位《い》（12票《ひょう》）花刈《はなかり》ジン太《た》／侘助《わびすけ》／担当《たんとう》の中野《なかの》さん
71位《い》（11票《ひょう》）桃原鉄生《ももはらてつお》／バルバスG《ジー》
73位《い》（10票《ひょう》）握菱《つかびし》テッサイ／ヤミー
75位《い》（9票《ひょう》）竹添幸吉郎《たけぞえこうきちろう》／兕丹坊《じだんぼう》／紅姫《べにひめ》
78位《い》（8票《ひょう》）黒崎真咲《くろさきまさき》／椿鬼《つばき》／氷輪丸《ひょうりんまる》
81位《い》（7票《ひょう》）大前田希美《おおまえだまれみ》／ルキアの描《か》いた絵《え》／蟹沢《かにさわ》／死神代行証《しにがみだいこうしょう》
85位《い》（6票《ひょう》）小川《おがわ》みちる／鵯州《ヒヨス》／花太郎《はなたろう》専用特製滋養強壮剤《せんようとくせいじようきょうそうざい》／一心《いっしん》のT《ティー》シャツ／柴田優一《しばたゆういち》
90位《い》（5票《ひょう》）越智美諭《おちみさと》／国枝鈴《くにえだりょう》／ボニーちゃん／黒縄天譴明王《こくじょうてんげんみょうおう》／ヘキサポダス／空鶴《くうかく》がしとめた鮫《さめ》／日番谷《ひつがや》のおばあちゃん／シュリーカー
98位《い》（4票《ひょう》）志波都《しばみやこ》／遠野翠子《とおのみどりこ》／舜桜《しゅんおう》／轂轂王《きこうおう》／吉良景清《きらかげきよ》／99話《わ》のバンダナ死神《しにがみ》／やちるの斬魄刀《ざんぱくとう》の補助輪《ほじょりん》／恋次《れんじ》の褌《ふんどし》
106位《い》（3票《ひょう》）円乗寺辰房《えんじょうじたつふさ》／夏井真花《なついまはな》／天鎖斬月《てんさざんげつ》／吉良《きら》シヅカ／ジェニファー／石田君専用試着室《いしだくんせんようしちゃくしつ》／妄想《もうそう》で女性《じょせい》になった蛇尾丸《ざびまる》／油《あぶら》せんべい／伝令神機《でんれいしんき》／飛梅《とびうめ》／剣八《けんぱち》の髪《かみ》の鈴《すず》／食《た》べれる伝令神機《でんれいしんき》
118位《い》（2票《ひょう》）鬼蜿《かいわん》／あやめ／横《よこ》ちん／ボスタフ／地獄蝶《じごくちょう》／フィッシュボーンD《ディー》／芥火《あくたび》ガンマ／銀彦《しろがねひこ》／東条院平太《とうじょういんへいた》／小田切《おだぎり》コンラッド友裕《ともひろ》／ほりうちひろなり／牽星箝《けんせいかん》／パプルス／涅《くろつち》にだまされた十二番隊員／石田《いしだ》のメガネ／剣八《けんぱち》の斬魄刀《ざんぱくとう》／春水《しゅんすい》がくわえてる草《くさ》／エンラク／ボツになった血《ち》まみれの剣八表紙《けんぱちひょうし》／ルキアの斬魄刀《ざんぱくとう》／一心《いっしん》のお守《まも》り／コンのへそのボタン／大島麗一《おおしまれいいち》／みちるの壊《こわ》れたぬいぐるみ／モンシロチョウ／弓親《ゆみちか》のかつら／アシッドワイヤー／エルウッド
146位《い》（1票《ひょう》）井上昊《いのうえそら》／チャッピー／盾舜六花《しゅんしゅんりっか》／金彦《こがねひこ》／大前田希代《おおまえだまれよ》／雀蜂《すずめばち》／斬月《ざんげつ》のサングラス／ギリアン／懺罪宮《せんざいきゅう》／シャンゼリゼブエ／メロン&《アンド》クッキー／辻代九郎衛門《つじしろくろうえもん》／バロン閣下《かっか》／雨乾堂《うげんどう》／マタタビッ!?／テッサイデスキャッチ／マダム秋山《あきやま》／改造魂魄《かいぞうこんぱく》／クロサキ医院《いいん》／空座第一高等学校《からくらだいいちこうとうがっこう》入学《にゅうがく》のしおり／剣八《けんぱち》の眼帯《がんたい》／芸人《げいにん》だいずかん弐千壱《にせんいち》／魂葬《こんそう》で痛《いた》がってる魂魄《こんぱく》／浅野割《あさのわ》り／喜助《きすけ》の帽子《ぼうし》／因果《いんが》の鎖《くさり》／ギンノスケ／血涙玉《ちなみだま》／乱菊《らんぎく》のキスマーク付《つ》きメモ／ルキアの置《お》き手紙《てがみ》／蜂紋華《ほうもんか》／四楓院家《しほういんけ》の紋《もん》／清虫《すずむし》／ツキツキの舞《まい》／補肉剤《ほにくざい》／ワサビとハチミツのたいやき風《ふう》ラーメン／久《く》里屋《りや》の徳利最中《とくりもなか》／涅《くろつち》の起爆《きばく》ボタン／大空鶴腕《だいくうかくわん》／マリアンヌお姉様《ねえさま》／フランソワ／牛《ぎゅう》かポークか分《わ》からない虚《ホロウ》／トシりん／山《やま》ちゃん／副部長《ふくぶちょう》・平山《ひらやま》／藤尾《ふじお》／小野寺《おのでら》／小田桐《おだぎり》ヴィクトリア瞳《ひとみ》／大宇奈原厳呉郎《おおうなばらげんごろう》／ホタルカズラ／リリィ／鬼道衆《きどうしゅう》／ナムシャンデリア／凍雲《いてぐも》／狛村《こまむら》の鉄笠《てつがさ》／平子《ひらこ》の虚《ホロウ》の仮面《かめん》／テッサイの重体《じゅうたい》メガネ／射場《いば》のサングラス／啓吾《けいご》をバカに作《つく》った神様《かみさま》

★その他　スペースの都合《つごう》で載《の》せられなかった1票《ぴょう》のキャラクター（というか、モノ？）約《やく》100通《つう》。

■ジャンプ・コミックス

BLEACH -ブリーチ-

24 IMMANENT GOD BLUES

2006年10月9日　第1刷発行
2013年12月11日　第19刷発行

著　者　久　保　帯　人

編　集　株式会社　ホーム社
東京都千代田区神田神保町3丁目29番　共同ビル
〒101-0051
電話　東京　03(5211)2651

発行人　鈴　木　晴　彦

発行所　株式会社　集　英　社
東京都千代田区一ツ橋2丁目5番10号
〒101-8050
03(3230)6233(編集部)
電話　東京　03(3230)6191(販売部)
03(3230)6076(読者係)
Printed in Japan

印刷所　図書印刷株式会社

ISBN4-08-874262-1　C9979